现代企业的产权革命

史正富　刘　昶·著

上海世纪出版集团

图书在版编目(CIP)数据

现代企业的产权革命/史正富,刘昶著.—上海：
格致出版社:上海人民出版社,2012
(上海报告)
ISBN 978 - 7 - 5432 - 2174 - 1

Ⅰ.①现…　Ⅱ.①史…②刘…　Ⅲ.①大型企业-国
有企业-产权制度改革-研究-中国　Ⅳ.①F279.241

中国版本图书馆 CIP 数据核字(2012)第 218166 号

责任编辑　忻雁翔
装帧设计　张国梁

上海报告
现代企业的产权革命
史正富　刘昶 著

出　　版	世纪出版集团 www.ewen.cc	格 致 出 版 社 www.hibooks.cn 上海人 & 太 版 社

(200001　上海福建中路193号24层)

编辑部热线 021-63914988
市场部热线 021-63914081

发　　行　世纪出版集团发行中心
印　　刷　上海市印刷十厂有限公司
开　　本　720×1000毫米　1/16
印　　张　13
插　　页　2
字　　数　113,000
版　　次　2012年10月第1版
印　　次　2012年10月第1次印刷
ISBN 978 - 7 - 5432 - 2174 - 1/F・581
定　　价　28.00元

总序：为中国发展贡献智慧

杨振武

　　回顾人类现代化的历程，我们不难发现，哲学社会科学的发展兴盛与诸多大国的崛起有着重要关联，在人类文明演进中承担着认识世界、传承文明、创新理论、咨政育人、服务社会的重要功能，其发展状况决定着一个国家和民族的理论高度和思想深度。历史经验表明，越是经济快速发展，社会快速变革、科技快速进步，越需要哲学社会科学的大发展大繁荣。当今中国之发展，是全世界现代化进程中最伟大的实践，中华民族要在21世纪前半叶实现伟大复兴，既面临难得的战略机遇，同时也面临前所未有的挑战，要抓住机遇，应对挑战，继续创造经济社会发展奇迹，就需要哲学社会科学贡献大智慧、大战略、大思路。

　　上海作为中国改革开放和现代化发展的前沿城市，在促进

杨振武　中共上海市委常委、宣传部部长

国家发展、推动国际交往中发挥着重要的作用。我们必须贯彻党中央的战略部署，确立世界眼光和国际视野，加强对全球问题、国际国内两个大局问题的思考和研究，提高运用科学理论分析和解决实际问题的能力，洞悉世界发展前沿动向，进一步把握共产党执政规律、社会主义建设规律、人类社会发展规律。在研究借鉴世界文明优秀成果和与国际学术界同行互相学习交流的过程中，努力形成更多具有中国原创、中国风格、中国特色的研究成果，从而推进中国特色社会主义伟大事业的发展，这也是新时期上海哲学社会科学繁荣发展的一个重要使命。缘于此，我们编辑出版《上海报告》丛书，就是要搭建一个凝聚上海哲学社会科学工作者聪明才智的平台。《上海报告》务须体现如下鲜明特色：

一、坚持问题导向。哲学社会科学研究必须有强烈的问题意识。中国哲学社会科学问题意识之表现就是聚焦中国当下和未来发展的全局性、战略性、前沿性、前瞻性的重大理论和实践课题。以改革开放和社会主义现代化建设的重大理论和实践问题为主攻方向，这是编辑出版《上海报告》的重要原则。

二、坚持创新导向。哲学社会科学的价值在于创新，创新的表现就是形成新思想、新观点、新认识，提出新思路、新对策、新建议。坚持有思想新意和理论创建而不偏激，有数据支撑和学术论证又不繁琐，恪守严谨的治学精神、弘扬优良的马克思主义学风、倡导明快活泼的理论文风，当属编辑出版《上海报告》的重要尺度。

三、坚持开放导向。哲学社会科学研究绝不可封闭保守，偏安一隅，坐井观天。上海自开埠以来，逐渐形成了海纳百川、追求卓越，开明睿智，大气谦和的城市精神，开放包容是上海城市的特质和品格，是上海在思想学术文化上领风气之先的活力所在。向全国开放、向海外开放，向一切科学的、有重要价值的学术研究成果开放，体现公正、包容、责任、诚信的上海城市价值取向，亦为编辑出版《上海报告》的基本态度。

关注现实课题，担当学术使命，服务中国发展，是哲学社会科学工作者的神圣职责。面对时代、面对国家、面对人民，我们重任在肩、责无旁贷。让我们一起努力，在《上海报告》里写下真知灼见，为国家兴盛和人民福祉贡献智慧！

是为序。

目　录

总论

■ 自 19 世纪末第二次产业革命以来,在西方发达国家,企业所有权结构发生了深刻的变化,其演化趋势是所有者的分散化、多元化、社会化。

■ 与亚当·斯密和马克思当年看到的产权明晰的私有企业不同,在西方的大型现代企业中私人或家族控股的情况寥寥无几,企业所有权分散在成千上万股东手中,其中日益占据主导地位的是代表各种社会集体或社会公益的机构股东。

■ 这种产权演变的结果是在现代企业中资本所有权、资本经营权(即企业所有权)与企业经营权的"三权分离"和企业"所有者缺位"。其相应的制度安排是由职业的产权经营者来运作终极所有者的资本和行使企业股东的职能,即企业的所有者"替身化"。

■ 产权多元化、社会化是现代企业发展演变的大势所趋,而所有者缺位是其必然结果。据此,我国大型国企改革的正确思路和战略选择就应该是产权资本化和资本社会化,改革的重点则应该落实在选择和培育有效的替身所有者。

■ 改革应该一方面极大提升国企的市场竞争力,另一方面实现改革成果的最大程度的社会共享,并为构建社会主义和谐社会提供持久永续的经济基础。

谈到现代企业,众所周知的是"两权分离",即企业所有权与经营权的分离;据此,谈到国有企业的改革,主导性的说法就是要解决国企"所有者缺位"的问题。但事实上,正如本书标题所说的,发达国家过去百余年来在企业制度上的最大变革,正是企业终极所有权与所有权的经营权分离,即国内学术界所谓的"所有者缺位"。简单说,现代企业的结构特点已不仅是企业所有权与经营权的"两权分离",而是资本所有权、资本经营权(即企业所有权)与企业经营权的"三权分离"。长期来看,现代企业所有权结构的演化趋势是所有者的分散化、多元化、社会化。这种产权演化是社会化生产力高度发展的产物,它为生产力的长期发展和社会稳定提供了持续的制度保证;但其后果之一则是企业的所有者缺位,其相应的制度安排不是所有者归位，而是由职业的产权经营者来运作终极所有者的资本和行使企业股东的职能，即企业的所有者替身化。根据上述发现，本书提出我国大型国企产权改革的另类战略构想，即，通过国有企业的资本化和国有资本经营权的社会化，既解决国企产权制度的合理化，又从根本上实现国有企业与市场经济体制的兼容。

为方便阅读，现将本书主要内容简述如下：

1. 西方现代企业产权演化的内容之一是所有者的分散化，即，随着生产力的发展和企业规模的扩大，公司的股东人数增多，股权日益分散，大股东的股权比例持续下降。

自第二次产业革命以来，大公司经济力量的集中是一个大趋势。但是与此相应的不是所有权的集中，而是它的分散。比如目前全球财富 500 强的美国公司中，股东人数少则几万、几十万，多则几百万。私人家族控股企业的情况，已是寥寥无几。

2. 西方现代企业产权演化的内容之二是所有者的多元化，即，在日益分散的企业股东中，股东的所有制性质也多元化了；除了经典形式的私人资本所有权之外，又出现了各种社会化程度不同的非私有的所有权。

其一，是联合起来的私人资本，即那种集合众人资金，委托专人经营管理的基金型的投资资本，其主要代表形式为共同基金。 这类基金本身是企业，追求利润目标，但它们的资本来自各种投资者，通过收取手续费获得营业收入。 就资本收益权而言，它归联合起来的大众，但就资本运作权而言，则归职业资本管理者。

其二，是社会群体或机构的集体资本，这是指为各种社会群体的相关利益服务而成立的投资基金，这些基金的设立和运作通常有政府的相关法律为依据并受其限定。 常见的有政府雇员、教师等公职人员群体的退休基金，以及各种企业雇员退休养老基金。 截至2005年底，美国各类养老基金管理的资产规模已经达到14.5万亿美元这样的天文数字，大大超出了当年美国GDP的总值。 这些资产的很大一部分投资于股权市场，现已持有美国全部上市公司40%以上的股权，成为美国上市公司的最大股东，而且其持股比例还在继续增长。

其三，法人社会资本，指各种法人社会机构通过社会捐款方式获得的资本，其运作产生的收益由相关机构共享，服务于各种社会公共目标；常见的形式有教育科研、医疗卫生、文化艺术、宗教、环境、人道服务、社会福利和公益慈善事业等等的捐赠基金。 目前在美国，社会法人资本的资产总值当在2万亿美元以上，而且仍在继续增长。

3. 西方现代企业产权演化的内容之三是所有者的社会化，即，在多元的所有者当中，代表社会利益的那些社会资本的股权比例，长期趋于提高。

根据上面关于三类资本的讨论，我们可以看到，第二类和第三类资本即社会集体资本和法人社会资本是社会化的资本形态。从长期看，随着经济的发展，社会富裕文明程度的提高，社会安全保障系统的不断完善与进步，社会公共部门的持续成长，这两类资本在社会总资本中比例必然不断提高。

当然，在现代发达国家，经典的私人所有权形态特别在中小企业中仍旧广泛存在，但在资本和技术密集的现代产业部门，上述不同形式的社会化资本形态，确实取得了主导和支配的地位。

4. 西方现代企业产权演化的内容之四是所有者的替身化，即，在企业所有者日益分散与多元的同时，各类产权所有者的职能不再由所有者自身直接行使，而是聘请职业资本经营者作为替身代劳；这些替身所有者运用其专业知识代替真实的所有者行使资本的经营权，并在企业中行使股东的职能。他们的社会职能因此不仅是替社会理财，并且代表社会化的终极股东直接参与公司治理。

所有者替身化是所有者多元化和社会化的必然产物。广大中小投资者没有足够的资本、时间、精力和专业知识来运作自己的投资，他们势必要把自己的资金委托给职业的资本经理人来管理。职业资本经理人，即替身所有者，作为一个现代社会的职业阶层，意味着资本所有权与经营权的体制性分离。这两种资本权力的分离，加上企业所有权分散化、多元化、社会化而导致的企业所有权和经营权的分离，代表了现代企业产权制度演变之全部内容的"三权分离"，即资本所有权、资本经营权（即企业所有权）与企业经营权三者之间的制度性分离。这种三权分离一方面是现代企业产权演变的结果，另一方面，也是现代资本运作和企业经营管理日益专业化的必然要求。在这个三权分立的现代企业产权结构中，替身所有者占据着至为关键的位置，扮演着重要的角色，其连接着终极所有者和受资企业，既管理和运作资本，也参与公司治理。因此选择有效的替身所有者，建立替身所有者的有效运行机制，就成了现代企业和现代经济健康成长的关键。理解这一点，对于我们选择大型国企改革的战略至关重要。

5. 资本所有权的多元化与社会化，是对经典私人资本的历史扬弃，是生产关系适应生产力进步的结果。

马克思早在一百多年前论述股份公司时就说过，股份公司的出现，使"那种本身建立在社会生产方式的基础上并以生产资料和劳动力的社会集中为前提的资本，在这里直接取得了社会资本（即那些直接联合起来的个人的资本）的形式，而与私人资本相对立，并且它的企业也表现为社会企业，而与私人企业相对立。这是作为私人财产的资本在资本主义生产方式本身范围内的扬弃"（《资本论》，人民出版社 1975 年版，第 3 卷 27 章 493 页）。 事实上，马克思以后的企业产权制度的变革其社会化的程度又超过马克思当时的股份公司不知多少倍。现代企业产权制度的多元社会化演进是现代社会经济及各种社会交往关系发展的产物，是生产关系适应生产力发展在微观制度层面的体现。 假设没有这些生产关系层面的变革，资本主义是否能够存在至今是一个大问题。

但是，股权分散化和替身化导致了现代企业普遍的"所有者缺位"。 这种"所有者缺位"是否必然导致现代企业的低效和衰败呢？ 考察近百年的企业现实，一个不争的历史事实是：现代企业尽管存在着与"大企业病"相联系的一些弊端，它仍然是发达国家中经济运行的骨干力量，是推动国民经济发展的核心部门。 为什么？ 因为现代大型产业企业与私营家族企业相比，在两个关键领域存在优势。 第一，在企业创新能力上，虽然私人所有者真正关心企业利益，但是，由于太强调"眼见为实"的财务利益，在科技创新的不确定领域进行投资的动机是薄弱的。 相比之下，大企业用的是从资本市场融来的社会资本、股东资金，更愿意提供创新的长期投资，因而有利于企业长远竞争力和长期利润。 第二，在风险控制方面，私人企业的优势是参加决策的人少，程序简单，拍板快；但决策受私人老板个人偏好、个人情绪的支配，冒险与赌性偏大。

相比之下，现代大型企业内部层层授权，决策流程完善，重大决策由董事会表决，虽然决策速度会受到影响，但有利于控制风险，避免重大的决策失误。 另外，现代企业管理的发展，如流程再造、企业瘦身、网络结构、企业扁平化等一系列新的管理方法的推动，从上世纪 80 年代以来，已经引发了各国企业界一场持续的企业变革潮流，也为现代企业治疗"大企业病"提供了帮助；而信息技术的革命性运用更是为这些改革提供了极大助力。 像美国通用电气(GE)这类销售收入数千亿元的超级巨型企业的成功发展，只不过是其中的典型代表罢了。

理解了现代企业产权向多元化、社会化演变的趋势和所有者替身化这样的制度安排以后，再来看目前关于国企改革的两种主要主张，民营化或国资委化，就可以清楚地发现它们的问题在哪里。

6. 民营化与现代企业产权社会化的历史趋势相悖。

所谓民营化或私有化，是把国企产权通过承包、拍卖等途径转制为产权明晰的私营企业。 显然，这样的民营化对中小企业还行得通，但与现代大型企业产权社会化的趋势相悖。我们说过，现代企业的社会化产权安排是对经典私人所有制的历史扬弃；原因在于，私有制狭小的产权框架无法容纳现代经济中日益增长的各种社会化因素。 大型国企作为现代产业型企业，所有者缺位是题中应有之义。 强调产权明晰，企求所有者归位，只能造成社会化的生产力与私有制之间的新的矛盾冲突，而与国企改革的目标南辕北辙。

7. 国资委新政似乎正在把自己变成国有产权的运营者和产权增值的操作者；这不仅背离了我国改革 20 多年的基本方向，而且严重削弱大型国企的长远发展能力，国资委迫切需要把资本经营者与资本经营行业的管理者两类职能分离。

自 2003 年国资委成立以来，其改革思路与民营化的主张虽然在政策层面截然对立，但两者的理论前提都是通过明晰产权来解决国企所有者缺位问题。到目前为止，国资委出台的政策涉及国企的企业重组、资本预算、利润分红、董事会建设及企业高层管理人员的聘任等一系列企业的重大决策问题。我们把这些政策统称为"国资委新政"。国资委新政的核心是把自己定位为国有资本的出资人和国有产权的运营者。

但是，为其本身性质所决定，国资委不可能有效承担国有产权经营者的职能。因为第一，作为政府机关，国资委不可能也不应当分享产权增值的收益；在没有资本增值激励的条件下，国资委如何解决其工作人员的素质和动力问题，将是一个无解的难题。第二，产权经营的高度专业性要求从业人员具有专业训练、创新意识、协调能力和学习能力，并长期参与企业的治理。这样的人才不能靠行政任命，只有靠市场来筛选。第三，产权经营所涉及的企业兼并重组及重大投资通常都高度机密，要求迅速决策；如果这些决策都要国资委审批，结果只能是泄漏机密或贻误机会，根本行不通。第四，中国大型国企的规模和数量之大，包括的行业之广，举世仅有。世界上没有任何一个资本经营公司有能力来运作产业跨度如此之广，资本规模如此之大的中国大型国企。因此，国资委给自己规定的是一项在实践上根本无法承担的使命。另外，国资委以政府机构的角色来行使资本经营者的职能，也必然会造成政企不分、官僚主义等弊端，这只会加剧国企效率低下的问题，不利于国企长远发展，而且会对国企经营者自主权造成损害。

我们认为，在考量国资委的工作定位时，应该把产权经营与对产权经营的行业管理区别开来。前者是指包括选择项目、产权投资、选拔董事、治理受资企业以及变现退出等高度专业性的操作。而后者，即行业管理，则是指对产权资本这个行业的法规政策的制定及产权经营者监管等宏观行为。显然，国资委这样的政府机构或许应该承担某种行业管理的职能，但不应该是国有产权经营的职能。事实上，在资本市场和产权经营的行业管理这个领域，国资委是可以大显身手的。

综上所述，可知民营化和国资委化这两种思路和主张在理论上都是源于对现代企业产权多元化社会化演变趋势及其后果的认知失误。产权多元化社会化是现代企业发展演变的大势所趋，而所有者缺位是产权多元化社会化的必然产物。据此，国企改革的正确思路和战略选择就应该是产权资本化和资本社会化，改革的重点则应该落实在选择和培育有效的替身所有者。

从培育替身所有者这一视角出发，国企产权改革的基本内容就是企业产权资本化，资本经营者多元化，资本社会化。

8．国企产权转为社会化资本有三条途径：

第一，国有资产转变为社会资本，即通过将国有股权配置给社会公益机构，使公益机构行使产权所有者的职能，并以股权红利和增值来支持相应的社会公益事业；与此同时，国家财政相应调减对这些机构的年度财政拨款。教科文卫等公共事业服务于社会利益和需求，在世界各国都需要公共财政的资助。把大型国企的股权配置给这类公益事业单位，用本来应归全民的国企利润来支持为全民服务、让全民受益的社会公共事业，既是理所当然，也有助于在减少国家公共财政支出的同时，推动事业单位构建相对自主的基金和收入来源，从行政事业单位变成真正独立的社会法人。

第二，国有资产转变为国家所有的股权资本，即将企业的国有股权通过合约方式委托给专业产权经营公司去运作，定期进行终止结算，对委托期的产权增值，由国家和产权经营公司按预定合同规则进行分配。这样，国企中的国有资产变成了国有股权资本；国资委考核产权经营者的资本管理能力，而产权经营公司代替国资委出任国企的股东和董事。

第三，将国有资产转变为国家年金资本，即通过将国有产权出售变现为货币资本，再用货币资本对可以带来稳定收入的资产进行投资，从而增加一项由资产产生的稳定收入来源，故而称之为"年金资本"。这类资产通常指能源、交通、电力、城市公用事业、出租性房地产等基础设施。如果(1)把产业企业的股本金卖掉，卖出所得的现金转变成为投资基金；(2)投资基金用于投资和回购基础设施项目的股权；(3)然后把这些设施通过招标委托给专业公司进行运营管理，那么，既可实现国有资本的保值，也可使基础设施的企业使用成本大大降低，有利于广大工商企业国际竞争力的提高。

9. 国企产权社会化应该区分的两种类型，采取不同的方案。

从企业的业务性质来看，一类是像中石油、中移动、宝钢这样有明确主营业务的产业企业；另一类则是像中信集团、招商局集团这样跨部门多行业投资控股型企业。对于这两类形态不同的国企，显然应该采取不同的改革方案。

第一，对于主营业务突出的产业企业，产权改革的内容显然是按上述三个途径转变为不同的社会资本。第二，对于跨部门多行业的投资控股型企业，其产权改革的内容是双重的，一方面是把企业经营的总部转型为专业的产权经营公司；另一方面，将其旗下控股的产业企业股权转型为股权资本，经由国资委委托给改造形成的产权经营公司。

10．国企产权的社会化改革迫切需要产权经营行业的发展。

培育和发展产权经营行业，对上述国企产权的社会化改革至关重要。国企产权社会化的三种途径，都要求国家把国有资本配置权委托出去。第一，社会公益资本配置给公益机构后，这些机构便需要成立自己的产权经营机构；第二，国有股权资本的委托要实现有效增长，离不开一个健康有效的产权经营行业；第三，国家年金资本在收购和招标经营年金资产时，也需要一个有效的产权经营市场。可见，培育和发展健康的产权经营行业是上述社会化改革战略成功的关键。

可以设想，我国的产权经营行业的发展可能有三个起点。一是从原来投资控股型国企改造而产生的产权经营公司，有望率先成为本行业的规模化龙头企业。其次，从获得国企股权配置的社会公益机构中，也会产生一批产权经营公司，比如"清华基金"、"北大基金"、"中科院基金"等，来管理运作自己的股权资本。再次，近年来从创业风险投资中成长起来的本土创投公司，很容易把业务延伸到股权资本的整个领域，成为该行业的新兴力量。关键是国家要尽早确立战略远景和行业政策，加快这个行业的发育和发展。

11．我国国家财富的潜在价值规模之大，史无前例，举世罕有。

国有企业的产权改革不仅涉及企业这个层面，更是牵动国家财富管理的全局。国企产权的财富价值虽然规模庞大，但只是我国可实现的国家潜在资产的一小部分。这些潜在的国家资产，包括土地、房产、资源及市场准入权等，其市场价值与工业化城市化水平成正比；几亿人口由农转工、离乡进城，引发的对住房交通、科教文卫、休闲娱乐等的巨大建设需求，由此导致的土地"原始增值"，将会是一个难以想象的天文数字。西方国家的发展，由于走的是先土地私有化、后工业化城市化的道路，此种土地的原始增值基本上被私人独占。与此相反，中国的改革发展坚持了先工业化和城市化、再市场化和产权多元化的道路，这种土地等资源的原始增值主要归国家和社会所有。这是邓小平中国特色社会主义模式带给我们的巨额"红利"！也是中华民族的幸运！这笔天文数字的潜在国家财富对中华民族今后长远发展的影响，无论怎样估计都不为过。

12．上述潜在国家财富的现实化，将为中国建成资产型公共政策体系，超越西方收入型的混合经济模式，提供强大的物质支持；更为重要的是，将为社会主义和谐社会的构建，提供持久永续的经济基础。

针对传统市场经济的弊端，西方发达国家建立了以宏观政策和收入再分配为基本补充手段的混合经济。实践表明，在缺乏有效公共财富支持的情况下，混合经济陷入了难以摆脱的困境。收入再分配虽可缓解贫富差距，却导致诸如福利依赖、激励降低、税负高企等弊端；宏观政策虽有刺激需求的一时之功，但又容易导致工资刚性和所谓的滞胀。可以设想，由于有了巨大国家财富的长期支持，我国政府就可以拥有强大的资产性政策工具，从而可以减少对单纯收入分配型政策的依赖，并有可能在实现社会公平和平等的同时，保证社会的活力和效率；在实现宏观经济稳定的同时，保证物价稳定和经济可持续增长。因此，创建新型的国家财富管理体系，有效管理和使用这笔天文数字的社会财富，对中国建成超越西方混合经济体系的一种新型经济模式，对我们构建社会主义和谐社会具有极其重大和长远的战略意义。

第一部分
现代企业演进的主要阶段

■ 第一次工业革命以来，企业作为社会最基本经济的单位，其规模、形式，特别是其产权结构经历了多次深刻的蜕变。

■ 亚当·斯密和马克思所看到的产权明晰的私有业主制企业只是企业产权制度发展演变的第一阶段。

■ 自从19世纪后期第二次工业革命以来，股份有限公司取代了私人业主制成为现代西方企业的主导形式。在股份有限公司中，由于股权的不断分散化和多元化，企业所有权和经营控制权发生了分离，企业经理实际上控制和管理着企业。人们把经理控制企业的时代称为"经理资本主义"。

■ 20世纪下半期以来，西方国家现代企业产权制度的演变进一步深化，机构投资者持有的企业股份越来越大,如今已成为美英等国企业的最大股东。机构投资者包括共同基金、养老基金、人寿保险公司、各种公益组织的基金会等等,它们管理的资产都是信托资产,所以,人们把这种机构投资者主导的企业产权时代称为"信托资本主义"。

众所周知,企业成为一种基本的经济单位是第一次工业革命以来的产物。200多年来,从早期的简单手工作坊,到今天结构复杂、功能多样的巨型公司,企业无论在规模、形态,还是运营方法和管理结构方面,都发生了广泛而深刻的变化。即使最为深层的产权制度,也随之经历了体制性的变革。特别是以19世纪后半叶的第二次工业革命为界,主导性的企业制度在工业化国家内,经历了从早期业主制企业到以多元产权结构为特征的现代公司制企业的转变。20世纪中期开始,随着新一轮科技革命和战后经济的迅速发展,以及全面、持续、深刻的社会变动,现代企业本身及其产权制度又经历了从所谓"经理资本主义"向"信托资本主义"的转变。

1　业主合伙制企业与私人资本主义

企业的初期产权形态是业主制,这是由当时的技术经济状况与企业规模决定的。当时，18世纪蒸汽机的使用催生了纺织业为主的工厂。按现代标准看，这些工厂规模小、结构简单；通常是定址于一个特定区域，以生产单一产品为主；工厂基本上不控制销售过程，也没有专门的研发部门，管理方式相对简单，基本上是私人老板亲力亲为。与此相应，其产权制度就是私人独资或少数私人的合伙企业。

从18世纪后期一直到整个19世纪，英国占主导地位的企业形态都是这种业主制企业。马克思在《资本论》第一卷中对这种私人业主制企业做了系统分析，其典型范式就是当时英国曼彻斯特的纺织厂。1834年，英国有1200家棉纺织工厂，绝大多数是独立的个人业主制或合伙制。它们平均雇用300至400名工人，41%只纺纱，33%只织布，纺织一体的只有26%。1930年，英国有2000多家棉纱和布匹的生产商，只有26家拥有自己的市场营销设施。[1]

美国19世纪的纺织厂与英国类似。1850年前后，波士顿地区追随英国纺织业的机器工厂模式，兴起了一批纺织企业。在技术上，这些纺织厂形成了从原棉进厂到纺纱、织布全过程连成一体的现代工厂布局；而制度上，则体现了以生产管理为主的特征。哈佛大学教授、著名管理学家钱德勒

---

[1] 可参阅曼塞·G.布莱克福德：《西方现代企业兴起》(1998)，经济管理出版社2001年版，第64页。

(Chandler)在其名著《看得见的手——美国企业的管理革命》[①]一书中，对这种工厂做了具体描述。

这些纺织工厂的资本一般由少数私人通过合伙集资的方法筹措，合伙人成为企业老板。在大多数场合不会由全体合伙人直接管理企业。但是工厂主要大权必然控制在主要合伙人手中。一般情况是：工厂财务，还有原料采购，由一名全日制工作的合伙人直接管理。产品销售由另外的合伙人负责，但该合伙人通常又是专业销售公司的合伙人，这是因为，当时纺织厂自己并不直接负责产品销售，而是把产品交给专门营销的企业去销售。生产方面，通常聘请一名懂机械技术的人担任主管（类似于我国企业的"生产厂长"），负责工厂内部的设备与人工管理；这位生产主管直接向负责财务的合伙人报告，并接受后者的督导。至于工厂内部，则按工艺流程的顺序安排空间布局。典型情况是：从底楼的原棉进厂与清理，经过二楼和三楼的抽纱、制锭、成坯、染整，最终到四楼变为成品布，基本上每个主要工艺流程分在一个楼面；与此对应，每个楼面安排2—3名监工（领班），负责监管当班工人的操作与纪律。由于纺织作业需要的是技艺而不是蛮力，故厂里的操作工以女性为主。在这种布局和规模下，工厂生产主管与各层

[①] 可参阅小艾尔弗雷德·D.钱德勒：《看得见的手——美国企业的管理革命》(1977)，商务印书馆 1987 年版。

的监工得以保持经常性联系，即使亲自关注工厂的具体操作，在时间与能力上也无大碍。

这个时代的"企业管理"其实还处于资本主义发展的初级阶段。财务上，已经使用了标准的复式记账法，对原料、成品、其他费用（工资与辅料等）及往来账款等分类记录，并合成综合平衡表。但是，当时还没有现代工厂管理常见的成本分析，单位成本的概念尚未受到重视。营销上，一般由一名合伙人负责与也作为合伙人的专业营销商建立代理关系，工厂只管生产，推广与销售的事则全归独立的营销商。考虑到主要原料棉花也是由市场购入，故当时的采购与销售均完全由企业外的市场供求力量支配。纺织企业自身仅仅是实行了对生产过程的集中统一管理。在这种模式中，企业运行涉及的各项基本职能，如营销、生产、财务、采购等，或者是由不同法人企业通过市场交易方式进行协调，或者交给不同合伙人分工负责，并不存在现代企业意义上的统一管理。

从政治经济学的视角来看，上述纺织工厂代表的企业应该如何定位呢？依据马克思的观点，我们至少可以指出如下几点：

其一，私人资本不仅是企业财产所有者，而且也是创业与经营管理的主要承担者。之所以这样，一是创业所需资本还不是太大，二是管理过程也比较简单。现代企业条件下极为重要的两大操作系统，即研究开发与营销，当时还不存在；因此，所谓企业管理，不过是生产管理而已。正是在这样的经济状况下，形成了出资、创业与经营管理的"三位一体"，即集三种职能于资本家一身的企业制度。其实，所谓"资本家"的概念，也只是在这种"三位一体"型企业模式中才得到了最确切的体现。

其二，资本家是企业的剩余价值的唯一所有者，独占全部剩余价值。在上面描述的纺织厂中，操作工人按照计件或者计时制计算工资，按月支取；而工头与生产主管除了工资会高些，也可以按厂主的评价获得一些奖金。基本上，厂主没有任何必要把剩余价值拿出来让别人分享。在"三位一体"的老式企业中，资本家独占全部剩余价值是十分明显的现象。

其三，资本家与产业工人的利益对立处于最为简单明了的制度架构中。在这种"三位一体"型企业中，资本家与工人之间没有什么中间管理层次的屏障，控制与被控制的关系相当直截了当。同时，资本家人数很少，管理层与专业人士层几乎不存在，企业最大数量的群体是操作工人，因此，利益矛盾就显现为绝大多数工人与极少数资本所有者之间的两极对立。

综上所述，马克思时代的资本主义企业，是以私人资本垄断为基础的。在此基础上，产生了"三位一体"的资本家对剩余价值的独占，也产生了高度同质化的产业工人的反抗。劳资的两极对立是与资本家的"三位一体"相互并存的。

然而，这种以"三位一体"与"两极对立"为特征的业主制企业乃是资本主义企业形成的初级阶段。马克思身后发生的一系列技术与企业制度变革，已经在现代经济的主要部门中把这种业主型企业送进了历史博物馆。

在这种早期业主制企业中，业主创办和拥有企业，经营管理企业，承担创业和经营风险，占有全部剩余；工人出卖劳动，获得工资报酬，在工厂的分工体系中丧失了独立地位，成为机器的附庸。这种简单的、二元对立的产权安排虽然是第一次工业革命时期的产物，却引发了激烈而持久的学理论辩和意识形态冲突。以马克思为代表的社会主义思想义正辞严地批判资本对劳动的剥削，指出资本主义私有制与社会化大生产日益尖锐的矛盾，并预言后者对前者的必然扬弃。而西方社会中主张自由竞争的主流意识形态则认定正是这种明确界定了私有产权的制度安排给了资本主义无限的发展动力与活力。直到今天，这种二元对立的逻辑仍在很大程度上支配着人们的思维，尽管在今天现代企业中的产权安排已经远远超出了早期业主制企业时代的制度框架。

2 现代"公司革命"与"经理资本主义"

马克思身后的企业制度继续经历着深刻的历史变革，其内容之广、变化之深、影响之远，难以尽述。 这里仅从产权制度变迁的视角，结合企业组织形态的演变，对现代产业企业的历史生成及其政治经济学特征，进行概括性说明。

马克思身后首先发生的重大变革是学者们所说的"公司革命"，其主要内容是企业所有权与经营权的两权分离。 一方面，企业规模扩大，企业经营管理日益专业化；另一方面，企业股东人数持续增加，企业股权结构日益分散化，越来越多的企业不再有控股股东。 其结果是企业不再由所有者直接经营管理；而管理企业的人则成了没有所有权的职业管理者。 这就出现了"没有控制权的财富所有权"与"没有所有权的财富控制权"。 人们把这种两权分离的企业叫做经理制企业，并把资本主义这一发展阶段称为"经理资本主义"。

公司革命开始于19世纪后半叶。 这与当时生产力的进步、市场与社会关系的大规模扩张是密不可分的。 交通运输与通信等基础设施的技术革命，装备工艺技术的进步，人口的扩张，工业化与城市化带来的国民收入提高，市场在全球范围内的进一步扩张与整合，这一切构成了第二次工业革命的重要内容，强有力地推动了现代公司制企业的诞生、发育和成长。

钱德勒描述现代企业的发生时说：

> 19世纪后半叶，美国和欧洲出现了资本主义的一种新形式。在现代运输和通信出现以前，资本主义经济的生产、经销、运输和通信的过程是在企业主个人经营的企业中进行的……

> 铁路和电报系统的建立和经营要求产生一种新型的企业机构。为建造这些系统所需的大规模投资和系统业务的复杂性，导致所有权与管理权的分离。扩大了的企业变成由在企业中拥有微不足道甚至没有任何股权的、领薪水的管理人员团队经营……

> 而新形式的运输和通信可以使现代大规模的销售和现代大规模的生产得以发展。

> 因此，出现了一种新的经济制度即管理企业制度……由于这种制度和（经理）人员的出现，世界获得了一种新型的资本主义……①

与早期业主制企业相比，现代企业规模巨大，结构复杂，它不再局限于单一产品的生产制造，而通常是整合了多种产品

---

① 可参阅小艾尔弗雷德·D.钱德勒：《规模与范围：工业资本主义的原动力》(1990)，华夏出版社2006年版。

和服务的研发、生产和营销的全部业务。 学者们从横向联合、纵向联合和多样化经营这三个方面描述现代企业的结构。横向联合是指在一个企业内并行地开设多家工厂来生产同种产品，纵向联合是指把经营过程扩展到生产、研发、供应、销售的各个环节，多样化经营则指一家企业同时生产与经营若干种不同产品和服务。 现代企业在这三个方面的扩展具有不同的意义，"横向联合扩大单一产品的生产规模，垂直联合则提高该产品的经营深度，而多样化经营尤有过之，它使现代公司最终成为能够全面扩张的机体，走上持续发展的道路"①。

由于这样的发展，现代企业与早期业主制企业在结构和经营管理上有了明显的区别。 第一，结构上，现代企业内包含了多个独立运营的部门或单位；第二，管理上，现代企业是由一个科层制的、受薪的经理阶层来承担管理职能的，而这是因为现代企业规模巨大结构复杂，使管理成为一项高度专业的工作，需要具有专业知识的人员来负责。

现代企业的产权制度与其规模和结构相适应，也与早期业主制企业有着结构性的区别。 现代企业最重要的法人形式是股份有限公司。 因为现代企业规模巨大，需要大量的投资，承担巨大的风险，很少有人能够或愿意独立出资来创办现代大企业，因此，股份公司应运而生。 股份公司的产权安排具有

---

① 可参阅史正富：《现代企业的结构与管理》，上海人民出版社 1993 年版，第 3—5 页。

突出的优点：(1)出资人的有限责任①；(2)出资人的权益可以自由转让；(3)集合众多出资人的资金。这些优点无论对大投资者，还是对中小投资者而言，都具有很大的吸引力。因此，通过股份有限公司的形式来募集资本就成了创办现代企业的基本方式。公司制企业于是取代了业主制企业，成为现代产业部门的主导性企业形态。企业制度的这一重大变革被恰当地称为"公司革命"。②

现代公司制企业虽然规模巨大，经济力量集中，但这并不意味着其所有权的集中。事实上股份有限公司通过募集社会众多投资人的资本而来，其发展趋势自然是企业股权的分散，而不是股权的集中。这个制度安排与其他各种经济社会力量结合在一起，推动现代企业的产权不断走向分散化和多元化。这一发展是对早期业主制企业私有产权的扬弃，其结果是许多公司没有了占支配地位的控股股东，所有权和控制权发生分离。

下面我们就以美国现代企业在 19 世纪后期至 20 世纪 30 年代期间的发展为例，来讨论现代企业产权制度在这一阶段的演变。

---

① 关于有限责任制对股权分散的作用，崔之元在其所著《"看不见的手"范式的悖论》中有详细深入的讨论（崔之元，1999）。对股份有限公司的历史，可以参阅孟克斯和米诺(2006[1996])、布莱克福德(2001[1998])和高程德(2000)等人的相关讨论。

② 这一重大变革的论述，可参阅伯利、米恩斯：《现代公司与私有财产》(1932)，商务印书馆 2005 年版。

　　在美国，现代公司制企业的兴起在 19 世纪中叶，而其迅猛发展则在 19 世纪的后半叶。 公司制企业先进入需要大量固定资本的铁路和采矿业，然后进入金融业、制造业和商业。到 20 世纪上半叶，现代公司制企业在美国已经成为除农业以外几乎所有产业中的主导企业形态。[①]1932 年，伯利(Berle)和米恩斯(Means)对美国的现代企业做了开创性的研究，发表了《现代公司与私有财产》这部经典著作。 他们发现，在公司制度中存在着一种"向心力"[②]，这种力量不断地将财富吸入规模日益扩大的集合体，从而创造出史无前例、规模巨大的现代企业。 这些企业为数不多，但在很大程度上支配着美国的经济生活，掌握着美国的财富，主导着美国国民经济的命脉。

　　根据伯利和米恩斯的数据，企业界的整体情况是大企业力量的集中。 在 1930 年，全美有超过 30 万家非金融企业，其中 200 家最大公司在数量上仅占全部非金融公司总数的 0.07%，但其资产总额达到 810 亿美元，几乎控制了美国全部非金融公司财富的一半，收入总额的43.2%，及国民财富的22%。[③]上市公司中大企业的集中权力则更为显著。 1929 年在

---

① 参阅伯利、米恩斯：《现代公司与私有财产》(1932)，商务印书馆 2005 年版，第 1 篇第二章。
② 同上，第 21 页。
③ 同上，第 37，40—41 页。

纽约证券交易所上市的有 573 家美国公司，将其资产按规模分组后，很容易看到，130 家最大的上市公司的资产合计占了几乎全部上市公司资产总额的 80% 以上（表 1.1）。

表 1.1　纽约证券交易所上市公司分组资产及比例（1929 年 3 月）

总资产 （百万美元）	公司数量 （家）	各组公司拥有的产 （百万美元）	占全部代表性公司 资产总额（%）
＜50	372	7325	10.9
50—100	71	4950	7.4
＞100	130	54714	81.7
合计	573	66989	100.0

资料来源：伯利、米恩斯（2005：36）。

与大公司经济力量集中同样惊人的是这种集中的发展速度。伯利和米恩斯告诉我们，在 1909 年，200 家最大的非金融公司的资产总额是 260 亿美元，到 1919 年，这一数额达到了 437 亿美元，而到 1929 年，则达到了 810 亿美元。

伴随着大公司经济力量集中的不是股权的集中，恰恰相反，是股权的分散。虽然许多大公司在创办初期，股权集中在少数创业者和出资人手中，但随着公司的扩张，股权日益分散。在不到两代人的时间里，大多数创业者、出资人及其家族丧失了他们在公司里的控股地位。到了 20 世纪 30 年代初，当伯利和米恩斯撰写《现代公司与私有财产》一书时，他们发现大多数美国大公司没有控股股东。

　　洛克菲勒创办的标准石油公司的股权结构变化反映了这种趋势[①]。 1870 年，标准石油公司在俄亥俄州成立的时候，公司有 7 名股东，其中约翰·洛克菲勒持有 26.7% 的股份，其余 6 人有 4 人各持有 13.3% 的股份，另外 2 人各持有 10% 的股份。 到 1878 年，公司股东增加到 37 人，除洛克菲勒仍持有 25.7% 的公司股票外，其余的股东中无人持股比例超过 9%。 1911 年，最高法院以反垄断为由，命令标准石油公司分拆。当年，洛克菲勒仍拥有公司 24.9% 股权，但除他之外，公司中无人持股数超过 5%。 1912 年以后，公司股权迅速分散：1912 年，105 名最大股东持有公司 75% 的股份，而在 1950 年，公司的前 2142 名股东合计才拥有公司 62% 的股份[②]。图 1.1 反映了 1912 年以后公司股权分散、公司控股股东的股权比重迅速下降的情况。

　　股权分散化的趋势同样发生在当时最大的现代产业企业中。 1929 年，美国最大的铁路公司是宾夕法尼亚铁路公司，

---

　　①　对于标准石油公司的股权结构变化，可参阅 Marco Becht and J. Bradford DeLong, "Why has there been so little block holding in America?" in Randall Morck, *A History Of Corporate Governance Around The World*：*Family Business Groups*, University of Chicago Press, 2005, 627—628.

　　②　对于标准石油公司的股权结构变化，可参阅 Marco Becht and J. Bradford DeLong, "Why has there been so little block holding in America?" in Randall Morck, *A History Of Corporate Governance Around The World*：*Family Business Groups*, University of Chicago Press, 2005, 637。

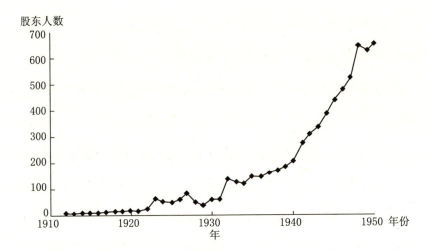

资料来源：Marco Becht & J. Bradford Derlong，2005。

图1.1 新泽西标准石油公司：对控股50%以上所需股东人数的历年变动的估计

表1.2 3家最大美国公司股东人数

年份（12月31日）	美国电话电报	宾州铁路公司	美国钢铁公司
1931	642180	241391	174507
1926	399121	142257	86034
1921	186342	141699	107436
1916	7100	90388	37720
1911	48000	73165	35011
1906	19000	40153	14723
1901	10000		15887
1880		13000	

资料来源：伯利、米恩斯（2005：63—64）。

资产总额约 2.6 亿美元；最大的公用事业企业是美国电话电报公司，资产总额 4.228 亿美元；最大的工业公司是美国钢铁公司，资产总额 2.286 亿美元。 在 20 世纪头 30 年，这 3 家公司也发生了股权分散化的过程。 表 1.2 从股东人数的增长印证了这一过程。

而在 1929 年这 3 家企业的最大股东所持有的股票数量分别为各该公司公开发行股票的 0.34%、0.70% 和 0.90%；即使是各公司 20 个最大股东持股合计，也分别仅占各该公司股票总数的 2.7%、4.0% 和 5.1%。

上述 4 家大公司不是例外，它们反映的是美国大公司在这一时期股权迅速分散的一般情况。 表 1.3 告诉我们，1900—1928 年间，美国主要产业中的主要公司都经历了股东人数的持续增加。 其间，制造业平均增长 410%，公用事业 2600% 以上，铁路 246%。 在短短的一代人时间里，绝大多数企业的股东人数都有了成倍的增长。

由于股权的分散，公司没有了占支配地位的控股股东。这在 1930 年已经成为大公司的普遍产权形态（表 1.4）。

伯利和米恩斯的研究反映了截至 20 世纪 30 年代初期美国大公司产权分散化的情况。 他们预言这个过程将会持续发展下去，并相信这样的发展必然会创造出一种"新的社会经济组

表 1.3 1900 年至 1928 年美国主要公司股东人数的增长

公 司 名 称	1900 年	1910 年	1913 年	1917 年	1920 年	1923 年	1928 年	增长(%)
制造业								
Union Bag and Paper	1950	2250	2800	1592	1856	2263	1278	−34.5
General Asphalt	2089	2294	2184	2112	1879	2383	1537	−26.4
Gt. North. Iron Ore	3762	4419	4685	4855	6747	9313	7456	98.2
Am. Sugar Refin.	10816	19551	18149	19758	22311	26781	22376	106.9
Am. Car and Foundry	7747	9912	10402	9223	13229	16090	17152	121.4
U. S. Steel Corp	54016	94934	123891	131210	176310	179090	154243	185.6
United Shoe Machy	4500	7400	8366	6547	8762	10935	18051	301.1
Am. Smelt. And Refin.	3398	9464	10459	12244	15237	18583	15040	342.6
U. S. Rubber	3000	3500	12846	17419	20866	34024	26057	768.6
International Paper	2245	4096	3929	4509	3903	4522	23767	958.7
Am. Locomotive	1700	8198	8578	8490	9957	10596	19369	1039.40
Swift and Co.	3400	18000	20000	20000	35000	46000	47000	1282.40
Stand. Oil of N. J.	3832	5847	6104	7351	8074	51070	62317	1526.20
General Electric	2900	9486	12271	12950	17338	36008	51883	1689.10
DuPont Powder	809	2050	2697	6593	11624	14141	21248	2526.50
United Fruit	971	6181	7641	9653	11849	20469	26219	2600.20
Proctor & Gamble	1098	1606	1881	2448	9157	11392	37000	3269.80
制造业合计	108233	209188	256883	276954	374099	493660	551993	410
公用事业								
Brooklyn Union Gas	1313	1593	1646	1834	1985	1879	2841	116.4

续表

公司名称	1900年	1910年	1913年	1917年	1920年	1923年	1928年	增长(%)
Western Union	9134	12731	12790	20434	23911	26276	26234	187.2
Commonwealth Edison	1255	1780	2045	4582	11580	34526	40000	3087.30
Am. Tel. & Tel.	7535	40381	55983	86699	139448	281149	454596	5933.10
公用事业合计	19237	56485	72464	113549	176924	343830	523671	2662.20
铁路								
Reading	6388	5781	6624	8397	9701	11687	9844	54.1
N. Y. N. H & Hartford	9521	17573	26240	25343	25272	24983	27267	186.4
Illinois Central	7025	9790	10776	10302	12870	19470	21147	201
Pennsylvania	51543	65283	88586	100038	133068	144228	157650	205.9
Union Pacific	14256	20282	26761	33875	47339	51022	47933	236.2
Chicago and Northwestern	4907	8023	11111	13735	19383	21555	16948	245.4
Del. Lack. And Western	1896	1699	1959	2615	3276	6650	7957	319.7
Atlantic Coast Line	702	2278	2727	3404	4422	5162	4213	500.1
Chesapeake and Ohio	1145	2268	6281	6103	8111	13010	6885	501.3
Great Northern	1690	16298	19540	26716	40195	44523	43741	2488.20
铁路合计	99073	149275	200605	230528	303637	342290	343585	246.8
总计	226543	414948	529952	621031	854660	1179780	1419249	3319

注：增长一栏显示的是 1900—1929 年间的增长。
资料来源：Marco Becht and J. Bradford DeLong(2005:641)。

表 1.4　200 家最大非金融企业的股权结构(1930 年)

占 200 家的个数比例(%)	企业数(家)	股权结构	占 200 家资产比例(%)
6	12	个人所有	
5	10	个人控股	6
23	46	少数股东控股	14
44	88	无控股股东,经营者控制	58
21	42	无控股股东,但由法律安排由少数股东控制	22

资料来源:伯利、米恩斯(2005)。

织形式"[1]。 它们的研究引起了人们的广泛注意,但是他们所强调的现代企业产权演变的长远意义,却还有待于历史的进一步发展来充分彰显,并获得充分的重视。

3　所有者替身化与"信托资本主义"

二战后随着新一轮科技革命的发展和经济社会全面、持续而深刻的变动,现代企业的产权制度演变的趋势不仅仍在继续,而且有了新的发展。 首先是企业股权分散化的情况进一

---

[1]　伯利、米恩斯:《现代公司与私有财产》(1932),序言,商务印书馆 2005 年版。

步发展，造成企业所有权与经营权的"两权分离"进一步深化；同时，在日益分散化的股东中，出现了机构投资者这一新的股东类别，而且机构投资者在各类股东中的重要性持续扩大，已成为当代最重要的一类企业股东了。由于机构投资者中产权性质多样化，大多数属于资产委托管理的"信托财产"，因此，学者们又把这种机构投资者主导的企业产权时代，称为"信托资本主义"。这样，不但是企业经营权和所有权的"两权分离"，而且，所有权自身也出现了"终极所有者"和所有者的代理人这样的身份分离；其中，终极所有者持有产权资本的所有权，而所有者的代理人则持有产权资本的经营权，也即企业的所有权，因此，我们看到的不只是传统的"两权分离"，而是企业经营权、企业所有权即资本经营权、资本所有权这种"三权分离"的新局面。以"两权分离"为基础的"经理资本主义"转变为以"三权分离"为基础的"信托资本主义"。

20世纪70年代末，赫尔曼(Herman)作了与伯利和米恩斯相似的研究，以确定20世纪30年代后美国大公司的发展情况。他的研究证实了伯利和米恩斯所描述的发展趋势。[①]表1.5就是在这一期间美国大公司股权分散的概况。

---

① 20世纪70年代末美国大公司的发展情况研究可参阅 Edward S. Herman, *Corporate Control*, *Corporate Power*：*A Twentieth Century Fund Study*, Cambridge University Press, 1981.

表 1.5　200 家最大非金融公司持股人数的变化

股东人数[a]	1929 年 12 月		1974 年 12 月	
	公司数	比例(%)[b]	公司数	比例(%)
5000 以下	41	24.9	1	0.5
5000—19999	53	32.1	8	4
20000—49999	39	23.6	52	26
50000—99999	22	13.3	69	34.5
100000—199999	7	4.3	43	21.5
200000—499999	3	1.8	21	10.5
500000—999999	—	—	4	2
100 万以上	—	—	2	1
信托投票或人数不详	35	—	—	—
合　计	200	100	200	100

注：a. 1929 年公司持股人数的范围是：最小的为 1 人，最大的(AT&T)为 469801 人，1974 年的持股人数范围是：最小的(The Williams Companies)为 6447，最大的(AT&T)为 2929615。

b. 1929 年的 200 家公司中只有 165 家公司有持股人数的数据资料。

资料来源：赫尔曼(1981:71)。

表 1.5 显示，在 200 家大公司中，股东人数超过 2 万名的公司占比 1929 年仅为 43%，而到了 1974 年，则达到了95.5%。

与股权分散相对应的，是个人与家族控股的降低和所有权与经营权的进一步分离。表 1.6 告诉我们的是 200 家最大公司中的情况。

表 1.6　美国大公司控制权的变化趋势（1900—1974 年）

控 制 形 式	1900 年[a]	1929 年[b]	1974 年[c]
私人或多数控制	12.50%	9.50%	1.80%
少数控制	32.50%	32.50%	14.50%
金融机构控制	31.25%	11.80%	0.50%
法律安排	—	4.80%	—
经营者控制	23.75%	40.50%	82.50%
其 他	—	1.00%	1.00%

注：a. 1900 年的数据是根据 40 家大公司的样本得出的。

b. 1929 年的数据是赫尔曼根据伯利和米恩斯的 200 家最大非金融公司的资料作了修正后得到的。

c. 以 1974 美国最大的 200 家非金融上市公司为研究样本。

资料来源：赫尔曼（1981：54—65）。

从表 1.6 可见，在 200 家大公司中，经营者掌握企业控制权的比例是持续提高的。 20 世纪初为 23.75%， 20 世纪 30 年代超过 40%， 70 年代中期就超过 80%，基本上覆盖绝大多数现代大型公司了。

赫尔曼注意到了股权变动中的一个新的现象，这在伯利和米恩斯时代并不显著，因而未被他们重视，即机构投资者的成长[①]。 机构投资者是专业的金融中介机构，受社会各种投资者的委托管理资金。 机构投资者包括养老基金、共同基金、人寿保险公司、各种公益组织的基金会等等。 需要强调的是，

---

① 如韦登鲍姆和詹森在伯利和米恩斯该书的 2001 年版导读中说，伯利和米恩斯已经意识到了养老基金与保险公司的作用，但他们没有预见到这类机构投资者日益增长的重要性（伯利、米恩斯，2005：8）。

在各类企业股东中，机构投资者的规模增长最快，因而其在现代公司股权中的权重越来越大。 以机构投资者在美国股市的持股比重看，1950 年还只有 10% 左右，到了 20 世纪 70 年代末，已经增加到 1/3 以上[①]。 表 1.7 是 1978 年机构投资者在美国上市公司的地位。

表 1.7　1978 年机构投资者在美国上市公司中的地位

机构投资者类别	总资产 （10 亿美元）	持股市值 （10 亿美元）	占股市总值 （%）
个人信托基金	167.9	93.1	8.75
私人公司养老基金	201.5	107.9	10.37
投资公司	80.4	36.8	3.53
人寿保险公司	393.4	35.5	3.41
州与地方政府退休基金	148.5	33.3	3.2
基金会	38.5	27	2.59
财产责任保险公司	155.9	19.4	1.86
教育基金	16.3	10.2	0.98
互助储蓄银行	158.1	4.8	0.46
合计	1360.50	368	35.35
减:机构在投资公司的份额	—	10.3	—
机构投资者持股总值	—	357.7	34.36
股市总值	—	1041.00	—

注：第四栏的百分比是根据第三栏的持股市值持股数除以第二栏最后一行的股市总值而得出的。

资料来源：赫尔曼（1981：138）。 赫尔曼表中第四栏原来的内容是普通股市值，本文作了改动。

---

① 赫尔曼说:"机构投资者倾向于投资大公司,并通常是一个消极的股东,它们受到客户的压力,更关心投资组合的表现,而不是对所投资公司的控制。但是,因为它们在股市上的规模,它们已经可以并且确实对公司治理发挥重要的、甚至是决定性的影响。"Edward S. Herman, 1981, *Corporate Control*, *Corporate Power*：*A Twentieth Century Fund Study*, Cambridge University Press, 137—154.

　　从赫尔曼的工作到今天又 30 年过去了。 他所证实的美国公司股权进一步分散，及他所发现的机构投资者的成长，在这 30 年中又有了进一步的发展。 根据世界大企业联合会（Conference Board）的最近统计，美国机构投资者自 1980 年以来在美国股市的持股比例又有了大幅度的增长。 1980 年是 37.2%， 2000 年则达到 51.4%，到 2005 年又增加了近 10 个百分点，达到 61.2%。[①]

　　图 1.2 直观地告诉我们最近半个多世纪来机构投资者在美国公司持股的增长。

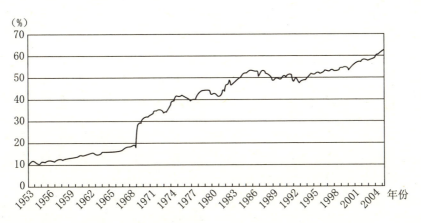

资料来源：美国联邦储备委员会。

图 1.2　机构投资者在美国公司持股比例（1952—2005 年）

　　现代公司的产权结构中的上述变化在代表性公司中可以看得更加清楚。 表 1.8 是美国按销售额排名的 31 家最大企业的

---

① 数据来自世界大企业联合会（The Conference Board）：http://www.conference-board.org/。

表 1.8 美国 31 家销售额最大公司的股权结构(2005 年)

500强排名	公司	行业	销售收入 (百万美元)	股票市值 (亿美元)	发行股数 (亿股)	内部及5% 持股比例 (%)	主要直接 持股人 (%)	机构与 共同基金 (%)	10大 机构 (%)	共同 基金 (%)
1	沃尔玛	一般商品零售	287989.00	2014.48	41.69	40.9	0.3	37.7	14.3	15.88
3	埃克森美孚	炼油	270772.00	4014.03	59.45	0.81	0.1	52.3	18.6	17.66
5	通用汽车	汽车与零件	193517.00	175.62	5.66	0.99	0.05	90.9	60.1	28.32
8	福特汽车	汽车与零件	172233.00	156.31	18.81	5.2	0.9	67.3	45.6	15.13
9	通用电气	多元化公司	152866.00	3730.86	103.23	1.78	0.03	57	21.4	21.07
11	雪佛龙德士古	炼油	147967.00	1399.24	21.98	1	0	62.4	25.9	25.01
12	康菲	炼油	121663.00	955.89	16.48	0.43	0.06	76.8	27.9	29.34
16	花旗集团	商业与储蓄银行	108276.00	2523.88	49.44	0.81	0.08	65.1	24.6	26.1
19	美国国际集团	财产意外保险	97987.00	1741.69	25.99	13.93	26.32	61.8	24.4	29.35
20	国际商用机器	计算机办公设备	96293.00	1265.26	15.22	0.22	0.04	56.7	22.4	21.18
26	麦克森	保健品批发	80514.60	151.28	2.99	0.41	0.1	87.6	42.6	36.33
28	惠普	计算机办公设备	79905.00	1033.13	27.39	3.68	0.02	77.5	30.2	31.69
32	伯克希尔哈撒韦	财产意外保险	74382.00	1521.18	154.2(万股)	27.92	—	24.6	14	5.37
34	家居百货	专业零售	73094.00	766.59	20.64	0.61	1.2	67.5	25.7	24.45
38	弗莱森电讯	电信	71563.30	1066.73	28.99	0.7	0	60.6	22.8	23.87
48	卡地纳健康	保健品批发	65130.60	259.61	4.06	1.29	0.45	89	48.8	50.24
50	阿尔特里亚	烟草	64440.00	1645.87	20.93	0.93	0.09	74.6	31.4	30.84
52	美国银行	商业与储蓄银行	63324.00	2467	45.26	0.73	0.07	58.9	22.2	24.89

续表

500强排名	公司	行业	销售收入(百万美元)	股票市值(亿美元)	发行股数(亿股)	内部及5%持股比例(%)	主要直接持股人(%)	机构与共同基金(%)	10大机构(%)	共同基金(%)
65	摩根大通	商业与储蓄银行	56931.00	5	2000(万股)	0	—	70	0	0
67	克罗格	食品,药品店	56434.40	163.21	7.16	0.41	0.23	85	43.5	30.42
73	瓦莱罗能源	炼油	53918.60	305.39	6.13	1.14	0.86	70.9	33.6	30.02
74	美国人伯根	保健品批发	53179.00	92.72	2.02	0.93	0.5	94.5	44.9	37.18
75	辉瑞	制药	52921.00	2016.09	72.9	1	0.01	66	20.1	25.87
76	波音	航天国防	52553.00	656.67	7.95	12.87	0.01	62.7	32.4	25.08
77	宝洁	家居个人用品	51407.00	1995.54	31.8	0.5	0.01	59	21.7	17.32
82	塔吉特	一般商品零售	49934.00	503.11	8.59	10.1	0.01	87.3	44.2	38.73
84	戴尔	计算机办公设备	49205.00	535.19	22.7	9.08	9.66	66.7	25.2	29.36
86	好市多	专业零售	48107.00	233.1	4.68	0.74	0.25	79.2	38.9	32.29
88	强生	制药	47348.00	1897.46	29.3	1	0	63.4	25.4	21.53
94	马拉松石油	炼油	45444.00	273.82	3.58	0.55	0.15	80.3	35.6	33.62
100	美国在线时代华纳	娱乐	42869.00	767	40.7	3.33	0	75	29.9	29.01

注:进入2005年《财富》500前100名的美国公司共有33家,其中除美国邮政和州立农业保险公司无法找到公开资料外,对31家公开上市的大公司的股权持有状况的分析如下:31家公司中有8家零售企业,5家石油类企业,2家汽车生产企业,3家商业和储蓄银行,2家财产和人寿保险公司,2家制药企业,3家计算机相关企业,1家电信类企业,1家烟草公司,1家飞机制造企业,1家居个人用品生产企业和1家媒体企业。

资料来源:Fortune 500网站,纽约证券交易所网站,各相关公司网站。

股权结构，从中可以看到：

（1）机构持股比例高。 在这 31 家企业，机构持有的股权比例平均达 66.42%；其中比例最高为美源伯根公司（Amerisource Bergen Corp）的 94.5%，其次是通用汽车（General Motor）的 90.9%。 机构持股比例最低的公司是著名投资家沃伦·巴菲特的控股型公司巴克夏·哈撒维（Berkshire Hathaway），机构持有该公司股份的 24.6%。 哈撒维公司共有股份约 150 万股，巴菲特本人持有约 2/3 的股份。 机构持股比例其次低的公司是山姆·沃尔顿家族创办的沃尔玛，为 37.7%。 在全部 31 家个数中，除巴菲特和沃尔顿家族这两家由私人家族创业并直接管理的"创业型企业"之外，其余 29 家公司中，机构持股比例都在 50% 以上。 其中持股在 60% 以上的有 24 家，70% 以上的 14 家，80% 以上的 7 家，90% 以上的 2 家。 这表明，除非由私人企业家创办并直接管理的企业，现代大型产业企业的股权主要由机构投资者持有，是通则，不是例外。

（2）公司股权高度分散。 虽然机构大量持有公司的股票，但是单个机构对单个公司持股的比例则有限。 在 31 家企业中，平均前 10 大机构投资者的合计持股比例为 29.62%，即平均每家机构持有公司的股份不到 3%。 另一方面，这些公司中持股 5% 以上持股人和内部人员持股比例合计平均为

4.64%；如果剔除哈撒维和沃尔顿两家公司，其平均值仅为 2.59%。 这说明，现代大企业中，单个机构和个人持有一公司 5%以上股份的情况是例外而非通则；多数大企业的股权呈现高度分散状态。

（3）个人直接持股比例低。 对 31 家大公司的主要直接持有人持股比例的统计表明，除美国国际集团（AIG）和戴尔（DELL）两家公司有大量的直接持有人外，其他公司的个人直接持股比例都很低[①]。 31 家平均值为 1.43%，如果剔除上述两家公司，平均值仅为 0.2%。

表 1.9　美国私募股权投资资金来源的变化（%）

年份	养老基金	保险公司	大企业	外国投资	捐赠基金	个人或家庭
1978	15	16	10	18	9	32
1988	46	9	11	14	12	8

资料来源：转引自盛立军、李渊浩、赵宁（2007：47）。

事实上，现在在美国，不仅上市公司的股权，就连许多还处于创业阶段的未上市公司的股权也在很大的程度上社会化了。 这是由于越来越多的机构投资者把私募股权基金（即风险创业基金）包含在它们的投资组合中。 表 1.9 清楚地反

---

① 虽然，像沃尔玛（Wal-Mart）这样的企业存在大量家族控制的股份，但是这些股份主要是通过信托投资的形式持有的，而不是直接由个人持有。

映了美国私募股权基金来源在 20 世纪末的变化，其中养老基金、捐赠基金等显然是社会化资本的比例从 1978 年的 24% 迅速增长到 1988 年的 58%，而个人和家庭的比例则直线下降。

20 世纪以来，美国公司股权的分散化和多元化，一直在演进之中；而机构投资者在成长和发展，表明现代企业产权制度的演变进入了一个新的阶段。在这个阶段，特别是由于共同基金和退休养老基金的发展，机构取代了个人成为资本市场的主角，亦即上市公司的主要股东。当然，由于这些机构投资者所经营的资本并非自身真正所有，而只是受真正资本所有者的委托进行经营的，是所有者的代理或替身，因此，我们把这些机构投资者称为"替身股东"（surrogate shareholders)或"替身所有者"，而把企业产权制度的这一变化称为"所有者替身化"。由于投资机构是受无数个人投资者的信托，替他们管理财富、运作资本，而这部分信托资产已经成为美国经济中最庞大的资产，持有美国上市公司的最大比例的股权，并开始对美国的公司治理发挥日益显著的影响。据此，越来越多的学者认为[1]，钱德勒所说的"经理资

---

[1]　James P. Hawley and Andrew T. Williams, *Corporate Governance in the United States*：*The Rise of Fiduciary Capitalism*，*a Review of the Literature*，Organization for Economic Cooperation and Development, 1996.

本主义"已经被他们所称之为的"信托资本主义"(fiduciary capitalism)所取代①。

所有者替身化造成资本所有权和资本经营权的分离,从而使现代企业的产权演变进一步深化。 这一分离与伯利和米恩斯所揭示的"经理资本主义"时代企业所有权和经营权的分离一起,构成了我们所认为的现代企业产权演变全部内容的"三权分离",即资本所有权、资本经营权/企业所有权、企业经营权三者的分离。 至此,我们可以根据企业产权的演变,大致划分出企业发展的三个阶段,即早期业主制企业、经理资本主义、信托资本主义。 这三个阶段企业的产权结构具有明显的区别。 第一个阶段是出资、创业和经营管理三位一体,第二个阶段是企业所有权和经营权的分离,第三个阶段则是资本所有权和资本经营权的进一步分离。 关于现代企业产权三权分离的意义,以及三权分离下的现代企业和资本市场的运行和治理,我们将在接下来的几章作进一步的讨论。 图 1.3 是企业产权演变三个阶段的一个直观的说明。

马克思早在 100 多年前论述股份公司时就说过:股份公司

---

① 尤辛(Michael Useem)在这篇论文发表的同年出版了他的书:《投资商资本主义:基金经理正在如何改变公司美国的面貌》(Investor Capitalism: How Managers Are Changing the Face of Corporate America),他把美国经济和企业发生的这种变化称为"投资商资本主义"(investor capitalism),他同样认为:"投资商资本主义结束了不受约束的经理垄断的时代"。相较而言,信托资本主义比投资商资本主义更能反映我们所讨论的股东替身化的实质。事实上,在美国的学术界,现在更为流行的是 fiduciary capitalism 这个概念。

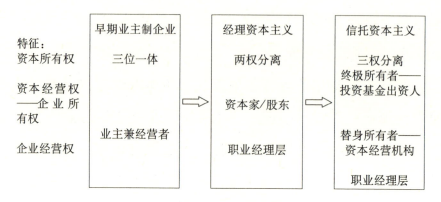

图1.3 企业产权结构的演变

的出现，使那种本身建立在社会生产方式的基础上并以生产资料和劳动力的社会集中为前提的资本直接取得了社会资本(即那些直接联合起来的个人的资本)的形式，而与私人资本相对立，并且它的企业也表现为社会企业，而与私人企业相对立。这是作为私人资产的资本在资本主义生产方式本身范围内的扬弃。①

　　企业所经历的三个发展阶段清楚地向我们展示了从古典的业主制企业到今天的"三权分离"的现代公司制企业，私有产权在生产力社会化的推动下一直不断地被扬弃。如果按照马克思对股份制企业的理解来看待三权分离的现代企业，我们还能把它等同于传统意义的资本主义企业吗?

---

① 马克思:《资本论》第3卷,载《马克思恩格斯全集》第26卷,人民出版社1975年版,第493页。

4 美国经验，还是全球趋势

上述企业产权演变的讨论根据的是美国经验，引证的是美国的案例和资料。 那么，美国的经验是否具有一般的意义，是否代表世界各国企业发展和演变的一般趋势呢？ 对于这一点，学术界着存在不同的意见。 我们认为，虽然不同国家的企业制度无疑会有不同的特点，但企业产权从个人和家族私有向分散化、多元化和社会化的方向演变却是一个全球的趋势，因为这种演变是生产关系适应生产力社会化发展和现代社会各种交往关系发展的必然结果。

美国圣母大学(University of Norte Dame)的法乔(Faccio)教授和我国香港中文大学的郎咸平教授对欧洲主要国家的 5232 家上市公司进行了数据分析[①]，他们发现，虽然欧洲大陆的国家企业产权分散化的程度不如美国，但金融公司和大公司通常都采取公众持有的形式，只有非金融业的小公司通常采取家族控股的形式。 而且，股权分散的程度与公司的规模成正相关，而这恰恰是美国现代企业产权演变的规律。 此外，英国和爱尔兰的公司股权结构与美国更为接近，以公众持有公司为主导。

---

① 见郎咸平，2004，第337—363 页。

表 1.10 描述的是 20 世纪末主要欧洲国家的公司股权结构。

表 1.10　控制的集中程度和公司规模(1996—1999 年)

国　家	类　型	平均市场股本	公众持有	家族持有	政府持有	公众持有公司	公众持有金融机构	杂项[a]	交叉持股
法　国	最大的 20 家	16467.10	60	30	0	0	10	0	0
	中间的 50 家	149.9	14	68	6	2	10	0	0
	最小的 50 家	6.8	8	77	2	4	9	0	0
英　国	最大的 20 家	40563.4	90	0	0	0	10	0	0
	中间的 50 家	151.7	64.71	19.6	0	0	13.73	1.96	0
	最小的 50 家	4.2	42	38.67	0	0	8	11.33	0
德　国	最大的 20 家	27510.20	45	15	10	0	12.5	5	12.5
	中间的 50 家	158.3	10	75	2	7	4	1	1
	最小的 50 家	12	14	81	3	0	2	0	0
意大利	最大的 20 家	10398.80	35	20	25	0	15	0	5
	中间的 50 家	320.4	8	63	6	6	14	2	1
	最小的 50 家	70.4	14	67	6	2	10	1	0
瑞　典	最大的 20 家	9575.2	80	5	5	0	0	10	0
	中间的 50 家	397.9	49.02	42.16	2.94	0	0.98	4.9	0
	最小的 50 家	44	32	63	0	0	3	2	0
总　体[b]	最大的	12017.2	45.24	27.24	12.2	1.09	8.46	4.42	1.35
	中间的	295	29.28	48.82	6.53	2.01	8.65	4.25	0.46
	最小的	38.9	25.32	59.66	3.72	0.9	5.17	4.8	0.44

　　注：构成本表的资料包括 5232 个公开上市公司，并根据公司的规模(市场股本)进行分组，给出最大的 20 个公司，中间规模的 50 个公司和最小的 50 个公司各组的均值。对公司数少于 120 个的国家，我们把最大的 20 个公司划分为"最大的 20 个"组，并把剩余的公司平均划分为两组。本表提供了在 20% 下限条件下由不同控制性所有者控制的公司的比例。

　　a. 杂项包括慈善团体、财产信托、雇员合作社或国外投资者等。

　　b. 本表省略了原表中奥地利、比利时、芬兰、爱尔兰、挪威、葡萄牙、西班牙和瑞士的统计，但总计中仍包含了这些国家的公司。

　　资料来源：郎咸平(2004:352—353)。

表 1.11　银行和机构的中介率(银行和机构投资者所持有的中介债权比例)

		1970 年	1980 年	1990 年	1995 年	1997 年	1998 年	1970—1998 年变化
英　国	银行	0.58	0.64	0.55	0.47	0.46	0.46	-0.12
	机构投资者	0.28	0.26	0.32	0.38	0.39	0.4	0.12
美　国	银行	0.58	0.58	0.42	0.3	0.26	0.21	-0.37
	机构投资者	0.31	0.31	0.4	0.48	0.52	0.46	0.15
德　国	银行	0.84	0.86	0.83	0.78	0.75	0.74	-0.1
	机构投资者	0.1	0.12	0.17	0.21	0.22	0.23	0.13
日　本	银行	0.45	0.36	0.38	0.34	0.34	0.32	-0.13
	机构投资者	0.1	0.1	0.16	0.19	0.19	0.19	0.09
加拿大	银行	0.45	0.55	0.44	0.49	0.46	0.42	-0.03
	机构投资者	0.23	0.19	0.28	0.3	0.33	0.36	0.13
法　国	银行	0.94	0.68	0.82	0.74	0.72	0.66	-0.28
	机构投资者	0.05	0.04	0.19	0.24	0.26	0.29	0.24
意大利	银行	0.98	0.98	0.95	0.91	0.91	0.92	-0.06
	机构投资者	0.06	0.05	0.11	0.09	0.09	0.1	0.04
七国集团	银行	0.69	0.66	0.63	0.58	0.56	0.53	-0.16
	机构投资者	0.16	0.15	0.23	0.27	0.29	0.29	0.13
盎格鲁—撒克逊国家	银行	0.53	0.59	0.47	0.42	0.39	0.36	-0.17
	机构投资者	0.28	0.25	0.32	0.39	0.42	0.41	0.13
欧洲和日本	银行	0.8	0.72	0.74	0.7	0.68	0.66	-0.14
	机构投资者	0.08	0.08	0.16	0.18	0.19	0.2	0.12

资料来源：戴维斯、斯泰尔(2005[2001]:7)。

　　不仅如此，与美国的情况一样，近 30 年来，机构投资者的成长在其他发达国家也是一个十分显著的现象。机构投资者的成长说明企业股权多元化和社会化程度的提高。表 1.11 反映的是 G7(七国集团)国家中银行和机构投资者所管理的资产在该国所有金融中介债权(即经济体系中金融中介机构持有的金融债权)中的比例及其在 1970—1998 年间的消长变化。 我们可以看到,在所有 G7 国家中,机构投资者的中介率(institutional inter-mediation ratio,即机构投资者在金融中介债权中的比例) 都有了相当显著的增长,亦即机构投资者管理和持有的资产都有了显著的增长,七国的平均增长率是 13%。 相应地,同一时期,七国平均的银行中介率(即银行管理的资产比例)则下降了 15%。相对来讲,英、美、加三国的机构投资者的中介率要比欧洲和日本的高出很多,1998 年为 41%比 20%;但在这一期间,两组国家的机构投资者增长的幅度接近,约为 13%。

与机构投资者的显著成长相一致,在同一时期,这些国家居民家庭所持有的机构投资者债权在各国 GDP 中的比例都有了大幅度的提高。 表 1.12 显示的正是这方面的情况。 对所有 G7 国家来说,家庭持有的机构债权在 GDP 中的比例在近 30 年中由 23%增长到 108%。 同样的,英、美、加的这个比例要比欧洲和日本的高出约 1—2 倍。 但就增长倍数来说,欧洲和日本则要比英、美、加高出很多,欧洲、日本的 6.27 倍对英、美、加的 4 倍[1]。

---

[1] 以 1998 年的相关数据除以 1970 年的数据即可得到这一时期相关国家或国家组的增长倍数。

表 1.12　家庭所持有的机构投资者债权在 GDP 中所占比例

国　　家	1970 年	1980 年	1990 年	1995 年	1997 年	1998 年	1970—1998 年变化
英　　国	0.42	0.37	1.02	1.62	1.85	1.99	1.57
美　　国	0.41	0.47	0.79	1.22	1.52	1.74	1.33
德　　国	0.12	0.2	0.33	0.51	0.64	0.71	0.59
日　　本	0.15	0.21	0.58	0.74	0.73	0.76	0.61
加拿大	0.32	0.32	0.52	0.78	0.95	1.05	0.73
法　　国	0.07	0.12	0.52	0.78	0.95	1.09	1.02
意大利	0.07	0.06	0.15	0.14	0.16	0.2	0.13
七国集团	0.23	0.25	0.56	0.83	0.97	1.08	0.85
盎格鲁—撒克逊国家	0.39	0.39	0.78	1.21	1.44	1.59	1.2
欧洲和日本	0.11	0.15	0.4	0.54	0.62	0.69	0.58

资料来源：戴维斯、斯泰尔（2005［2001］:8）。

不仅上市公司的股权结构欧美之间有完全相同的趋势，就连欧洲未上市公司的融资来源也完全多元化和社会化了，个人和家庭在私募股权资金来源中的比例已经微不足道，不到1%。表 1.12 是 2001 年和 2002 年欧洲私募股权基金的资金构成情况。我们可以看到，机构投资者提供了私募股权资金的九成以上。把这张表与美国的私募股权资金来源的情况（表 1.9）对照起来看，对阐明企业产权多元化和社会化的趋势，会更有说服力。

本节对欧、美、日等发达国家的讨论，仅限于宏观概况的统计资料。事实上，这些国家具体的产权安排差别还是很大

表 1.13　欧洲私募股权基金的资金来源(2001—2002 年)

年份	养老基金	银行	保险公司	母基金	企业	大学基金	资本市场	其他	个人或家庭	政府
2002	16.3	26.3	13.8	13.1	7.3	6	11.1	1.6	0.1	4.3
2001	26.8	24	12.3	12.2	5.8	6.6	6	2.2	0.5	3.7

资料来源：盛立军、李渊浩、赵宁(2007：35)。

的，不过，上述数据告诉我们的这些国家产权演变的趋势应该是毫无疑问的[①]。 问题是欧美等发达国家的情况是否代表了世界范围内企业的发展趋势？ 其他国家和地区的企业是否正在向发达国家的企业制度靠拢？ 其实，就现状而言，目前世界上大多数国家和地区的企业产权仍然集中在少数大股东手里，特别是私人家族手里；家族企业而非现代企业才是常态。[②] 那么，发达国家产权制度的发展是否展示了发展中国家产权制度的演变方向呢？ 要回答这一问题，我们必须弄清楚决定发达国家企业产权制度及其演变趋势的各种因素。

[①] 当然，即使在欧美发达国家，产权安排的差别还是很大的。莫克(Randall K. Morck)所编的《公司治理的历史：从家族企业集团到职业经理人》(A History of Corporate Governance Around the World: Family Business Groups to Professional Managers)(中译本：格致出版社 2011 年版)一书，讨论了世界上一些主要国家的公司治理结构和产权演变的历史及其背后的原因。尽管该书中各国别史的作者常常争论各国的特殊性，并挑战产权演变趋同的看法，但他们论点背后的理据大都在肯定产权演变趋同的走向。

[②] 施莱弗(Andrei Shleifer)、维什尼(Robert Vishny)：《公司治理综述》，梅西(Jonathan R. Macey)、米勒(Geoffrey P. Miller)：《公司治理和商业银行：德国、日本和美国的比较研究》(1997)，载李维安、张俊喜主编：《公司治理前沿　第一辑：经典篇》，中国财政经济出版社 2003 年版，第 21，183—210 页。

第二部分
现代企业产权革命的主要内容

■ 现代企业产权演变的一般趋势是产权的不断分散化、多元化和社会化，与这种变化相对应的则是所有者职能的日益替身化。

■ 产权分散化指的是企业股权从集中走向分散，从少数个人或家族持有走向社会公众持有。

■ 产权多元化，是指企业所有者从私人—家族的单一类别发展成不同类型的投资者结构。

■ 所有权社会化，则是指在这多元的所有者当中，代表社会利益的那些所有者的股权比例，在长期中趋于提高。企业产权的私有属性逐渐被扬弃，企业日益成为多元主体共有共治的社会化经济组织。这是现代企业产权演变中最具革命意义的部分。

■ 所有权替身化，指的是所有者自己不履行企业股东之职能，而是将其委托给职业资本管理人，这些资本管理人或产权经营者于是成为最终出资者的"替身"。

■ 在西方现代企业中，不仅企业的所有权和经营权发生了分离，而且企业的资本所有权与资本经营权（即企业所有权）也发生了分离。这个三权分离和分立的现代企业产权结构凸显了替身所有者的关键地位，是我们理解和把握现代企业产权革命及其意义的一个重要纽结。

在上一部分里，我们看到，现代企业产权演变的一般趋势是产权的不断分散化、多元化和社会化，与这种变化相对应的则是所有者职能的日益替身化。这一部分要对现代企业产权革命的上述内容做进一步的探讨。

产权分散化比较容易理解，它指的是企业股权从集中走向分散，从少数个人或家族持有走向社会公众持有；所谓产权多元化，是指企业所有者从私人—家族的单一类别发展成不同类型的投资者结构；所谓所有权社会化，则是指在这多元的所有者当中，代表社会利益的那些所有者的股权比例趋于提高，企业产权私有制属性逐渐被扬弃，企业日益成为多元主体共有共治的社会化经济组织，这是现代企业产权演变中最具革命意义的部分。至于所谓"替身化"，则指所有者自己不直接出面履行企业股东之职能，而是将其委托给职业资本管理人代行其职，这些资本管理人或产权经营者于是成为最终出资者的"替身"；而这些最终出资人不出现在企业股东名册中，成了站在企业之外的、法律意义上的名义所有者。 由于这样的发展趋势，不仅企业的所有权和经营权发生了分离，而且企业的资本所有权与资本经营权（即企业所有权）也发生了分离。 这个三权分离和分立的现代企业产权结构凸显了替身所有者的关键地位，是我们理解和把握现代企业产权革命及其意义的一个重要纽结。

1 所有权分散化

在第一部分中，我们已经对所有权分散化做了相当充分的论述。 由于现代企业规模巨大，需要大量的投资，承担巨大的风险，很少有人能够或愿意独立出资来创办现代大型企业。通过股份有限公司的形式来募集资本成了创办现代企业的基本方式，而股份公司的股权结构必然导致企业股权的分散。 随着时间的推移，以及各种经济社会力量的推动，企业股权的分散也会不断加速。 现代企业通常只有在创业时期股权比较集中，而这时企业的规模一般都比较小。 随着企业的不断扩张，走向成熟，特别是在创业一代离开企业以后，企业的股权便迅速走向分散。第一部分所讨论的美国标准石油（美孚）公司、美国电话电报公司、宾州铁路公司以及美国钢铁公司等，其公司股权在短短的一代人多一点的时间里就迅速分散，具体地显示了现代产业企业最终走向产权分散化的大趋势。

由于股权分散化在上一部分已有较充分论述，也较容易理解，此处就不再重述了。

2 所有权多元化

在产权分散化的过程中，通常也伴随了产权主体从私人家族向多种社会—公众机构扩散的变动，使现代企业产权形态呈现多元化的面貌。现代企业产权多元化的发展在上市公司中最具代表性。表 2.1 显示了美国纽约证交所与纳斯达克上市公司在 20 世纪后半期的股权结构演进。

表 2.1 细分股东类别有 9 类之多，为方便叙述，可以把性质近似的小类合并，形成：①共同基金、银行信托、保险，以基金为代表；②养老基金；③外国机构；④家庭与非营利组织。其中，外国机构情形不详，在下边的论述中加以忽略，而家庭与非营利组织则明显具有不同的产权属性，故应尽力分

拆考察。

表 2.1　1950—2000 年美国股市的股权结构(期末数据)

股 东 类 别	1950 年 市值 (亿美元)	1950 年 比重 (%)	1970 年 市值 (亿美元)	1970 年 比重 (%)	1990 年 市值 (亿美元)	1990 年 比重 (%)	2000 年 市值 (亿美元)	2000 年 比重 (%)
共同基金	4.50	3.15	44.00	5.23	249.40	7.04	3262.20	18.52
银行信托	0.00	0.00	87.90	10.45	190.10	5.37	356.80	2.03
人寿保险公司	2.10	1.47	14.60	1.74	81.90	2.31	940.80	53.40
其他保险公司	2.60	1.82	13.20	1.57	79.90	2.26	194.30	1.10
基金信托保险小计	9.20	6.44	159.70	18.99	601.30	16.98	4754.10	75.05
公司养老基金	1.10	0.77	67.10	7.97	595.00	16.80	2195.10	12.46
政府养老基金	0.00	0.00	10.10	12.00	270.70	7.64	1335.10	7.58
养老基金小计	1.10	0.77	77.20	19.97	865.70	24.44	3530.20	20.04
家庭与非营利组织	128.70	90.19	572.50	68.04	1806.50	50.99	7408.00	42.06
外国机构	2.90	2.03	27.20	3.23	243.80	6.88	1625.50	9.30
其他	0.80	0.56	4.80	0.57	25.30	0.71	294.10	1.67
股市总值	142.70	100.00	841.40	100.00	3542.60	100.00	17611.90	100.00

资料来源：New York Stock Exchange, NYSE data, available at NYSE.com。

表 2.1 显示的总趋势是明显的：1950 年以来，家庭(私人)作为企业产权所有者的权重是持续稳定下降的，至 2000 年至少跌落一半以上；而共同基金、信托、保险、养老基金等机构则持续快速成长为上市公司的主要股东。

(1)共同基金作为产权持有者

共同基金、银行信托与保险之间，区别是明显的，但其主要都是私人或团体的资金集合，由专业团队打理，最终净收益也主要归属于资金的出资人。因此,为简化起见,我们以共同基金为代表来略做说明。

专栏 2.1

共同基金:概念、行业发展和统计

共同基金是把广大中小投资者的资金集中起来,以投资组合(portfolio)的方式,集体投资于股票市场、债券市场或货币市场,借以分散投资风险的金融工具。经历了 100 多年的发展,共同基金至今仍未达成统一的称谓。美国称之为"共同基金"(mutual Fund),英国和我国香港地区称为"单位信托基金"(unit Trust),日本和我国台湾地区称之为"证券投资信托基金",而我国称之为"投资基金"(investment Fund)。

共同基金虽然始于英国,却发展于美国。美国第一个共同基金——马萨诸塞投资信托基金(Massachusetts Investment Trust)于 1924 年 3 月 21 日在波士顿建立。1929 年股市崩溃以前,美国共同基金的发展达到了初期的高峰。股市崩盘与随之而来的经济大萧条,使刚刚起步的美国基金业受到了打击,共同基金在 20 世纪 30 年代陷入低谷。此后,美国国会制定了规范共同基金的法律,主要包括 1933 年的《证券法》、1934 年的《证券交易法》、1940 年的《投资公司法》和《投资顾问法》。在美国,共同基金业被公认为是监管最严、最为规范的行业。在严格的监管下,共同基金业得到了持续快速的发展。从 1940 年到 1970 年,基金从 68 支增加到 361 支,基金资产从 4.5 亿美元增加到 476 亿美元;到 2005 年,基金个数与资产更高达 7977 支和 8.9 万亿美元。

表 2.2 反映了 1940 年至 2005 年间美国共同基金的成长情况,包括管理资产总额、基金数目及账户总数。

表 2.2　1940—2005 年美国共同基金规模(年末数据)

年　份	基金个数	资产(亿美元)	账户数(千个)
1940	68	4.50	296
1945	73	12.8	498
1950	98	25.3	939
1955	125	78.4	2085
1960	161	170.3	4898
1965	170	352.2	6709
1970	361	476.2	10690
1975	426	458.7	9876
1980	564	1347.6	12088
1985	1528	4953.9	34098
1990	3079	10651.90	61948
1995	5725	28112.90	131219
2000	8155	69646.30	244705
2005	7977	89051.70	277713

资料来源: Ivestment Company Institute, 2006 Investment Company Fact Book。

共同基金由基金管理公司发起，资金来自社会各类投资者，包括家庭及机构，比如，养老基金、非营利基金会等就有一定比例的资产投入到共同基金。基金管理公司负责决定基金的资产配置、投入与退出。基金管理公司的收入来自管理与服务（发行、交易等）收费，通常按基金资产的一定百分比提取一次，约占基金净资产的 0.4%—1%。一般来说，基金越大，费率越低。基金的成本主要是管理人员的薪酬与公司运行费用，如行政管理费和研究费用。基金管理公司的利润是管理费收入和运作成本之差。基金管理者的薪酬与其所管理资产的规模密切相关，而他的管理资产的规模又与其管理绩效密切相关。但是，基金投资所获得的资本增值属于基金出资者。基金出资者向基金管理公司支付费用后，基金投资的盈亏责任由出资者承担。

在共同基金的投资组合中，其投资于上市公司股票的比例在 20 世纪后半期以来显著增长，共同基金在上市公司中的股权比重日益增加，已成为美国上市公司的重要股东。图 2.1 显示：共同基金在美国股市的持股比例从 1950 年的不足 4%，大幅增加至 2000 年的近 20%。

（2）养老金作为产权持有者

与共同基金相似，养老基金作为上市公司股权持有者的地位也经历了多倍增长，从 1950 年的不足 1% 猛增至 2000 年的约 20%。

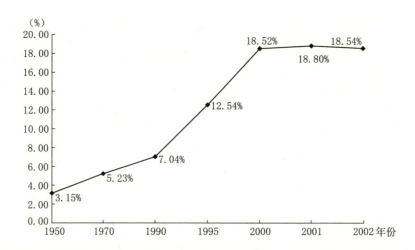

资料来源：New York Stock Exchange，NYSE data，available at NYSE.com。

图 2.1　1950—2002 年共同基金在美国股市的持股比例

养老基金一般是由社会组织，如政府、公司、学校等，按照国家特定立法设立的长期投资基金，资金由参与的公务员、教师或员工以及雇主方提供，按专业方式运作，而投资的保值增值则作为参与者退休生活的收入来源之一。

在美国，退休养老基金主要包括三个部分：公司养老基金（private pension fund）、公共或政府养老基金（public pension fund）、个人退休账户（individual retirement accounts, IRAs）。公司养老基金通常由各个公司自行成立（也包括一些同行业雇员组成的养老基金），参与者是自己的雇员。政府养老基金则多由州或地方政府成立，参与者是当地的政府雇员，包括公立学校教师等。无论是公司养老退休计划，还是政府养老退休计划都能享受税收上的优惠，因为参加者的个人缴费是税前从个人收入中扣除的，个人在退休后开始支取养老金时才为这部分收入缴税。 这时，个人因退休而收入降低，个人所得税率也相应降低。 另外，这两种退休计划的参加者的个人缴费一般都能享受雇主的匹配付款。 个人退休账户则是个人在上述两种退休计划之外的补充养老储蓄，个人退休账户也享受一定金额（目前是每年 3000—3500 美元）的延期（至退休）缴税的优惠。 个人退休账户通常由共同基金来管理。

由于政府立法和税收上的支持，特别是战后人口和经济的成长变化，退休养老基金在美国增长很快。 截至 2005 年底，美国的退休养老金资产总额达到了创纪录的 14.5 万亿美元，比全美国家庭资产总额的 1/3 还要多，大大超过了美国当年的 GDP（2005 年美国的 GDP 接近 12.5 万亿美元）。 表 2.3 列示了 1994 年至 2005 年美国各类退休养老基金的增长情况。

养老基金主要投资于各类资本市场，其投资组合取决于基金的投资目标，并受到各种条件（如资产流动性、通货膨胀敏感性、投资期间、政府监管、税收和会计等）的制约[1]。 各国养老基金的投资组合因此有很大的差异。

---

① 戴维斯、斯泰尔：《机构投资者》，中国人民大学出版社 2005 年版，第 42 页。

表 2.3　1994—2005 年美国各类退休养老基金的成长（万亿美元）

退休养老基金分类	1994	1995	1996	1997	1998	1999	2000	2001	2002	2003	2004	2005
年　金[a]	1.1	1.3	1.5	1.7	2.2	2.7	2.6	2.6	2.5	3.0[e]	3.3[e]	3.7[e]
政府养老基金[b]	1.4	1.7	2.0	2.3	2.6	3.0	3.0	2.7	2.5	3.1	3.5	3.7
公司定义收益计划	1.3	1.5	1.6	1.8	1.9	2.1	2.0	1.8	1.5	1.8	1.9	1.9
缴费确定型计划[c]	1.6	1.9	2.1	2.5	2.8	3.1	3.1	3.1	2.9	3.4	3.6	3.8
个人退休账户	0.5	0.6	0.6	0.7	0.8	0.9	1.0	1.0	1.1	1.1	1.3	1.4
总　计	5.9	7.0	7.8	9.0	10.3	11.8	11.7	11.3	10.4	12.3	13.6	14.5

注：e＝估值

a. 年金包含人寿保险公司的所有固定年金及变动年金，减去个人退休账户、403(b)计划、457 计划及公司养老基金持有的年金之和。

b. 政府养老金基金包括联邦、州立及地方政府的养老金计划。联邦养老金计划包括公务员退休及伤残基金持有的美国国债、军人退休基金、司法退休基金、铁路退休基金、外国服务退役和伤残基金。这些计划同样包括国家铁路退休投资信托和联邦雇员退休系统节俭储蓄计划持有的证券。

c. 缴费确定型计划包括雇主资助的缴费确定型计划（涵盖了 401(k)计划、403(b) 计划，及 457 计划）。

由于四舍五入，各数据相加之和可能与"总计"一栏中的数字不符。

资料来源：Investment Company Institute，2006，Research Fundamentals，Vol.15，No.5。

从表 2.4 我们可以看出，英美两国的养老基金投资股票市场的比例最高，都超过 50%。由于养老基金大量投资于股票市场，现在，在美国，退休养老基金作为一个整体，已经是美国上市公司的最大股东。在 20 世纪 90 年代中期，美国的养老基金就已持有美国全部上市公司 30%以上的股权①，到 2005 年末，退休养老基金已经持有美国所有上市公司 40.7%的股

① 孟克斯、米诺：《监督监督人：21 世纪的公司治理》，中国人民大学出版社 2006 年版，第 123 页。

表 2.4　1998 年发达国家养老基金投资组合（%）

	国内股票	国内债券	贷款	不动产	国外资产	其他
英　国	52	14	0	3	18	13
美　国	53	21	1	0	11	14
德　国	10	43	33	7	7	0
日　本	23	34	14	0	18	11
加拿大	27	38	3	3	15	14
法　国	10	65	18	2	5	0
意大利	16	35	1	48	0	0

资料来源：戴维斯、斯泰尔（2005：24）。

权资产[1]。　在许多大公司中,退休养老基金的股权比例都大大超过了 50%[2]。　表 2.5 列示出了 2002 年养老基金股权比例最高的 10 家公司、养老基金股权比例及这些公司的概况。

养老基金除了直接投资股市外，还有很大的比例是通过共同基金参与资本市场的。　2005 年，美国共同基金账户总值 8.9 万亿美元，其中 3.4 万亿是来自养老基金的出资，占共同基金总值的 38.67%。　表 2.6 反映的是 1991 年以来美国共同基金中养老基金的比重以及成长。　根据统计，2005 年共同基

---

[1]　数据来自 Investment Company Institute：Research Fundamentals, July 2006 Vol. 15, No. 5。英国这方面的情况与美国很接近。关于英国的情况可以参看 Julian Franks, Colin Mayer, and Stefano Rossi(2005 in Randall K. Morck)。

[2]　退休养老基金不仅是美国公司最大的股东，因为在它的投资组合中，有很大的比例投资于公司债券，它也是美国公司最大的债权人。据美国著名企业管理学家德鲁克 1991 年估计，养老基金握有美国大公司 40% 的中期和长期债权。德鲁克说,如金融教科书近年来反复强调的,债权人的权利与股东的权利是同样大的,有时甚至更大。但这一重要发展迄今尚未引起人们足够的重视。可参考德鲁克：《看不见的革命:养老基金社会主义是如何来到美国的》,1998 年版,第 279 页。

表 2.5　2002 年养老基金股权比例最高的 10 家美国公司

公司	2002年养老基金在公司股权中的百分比(%)	销售(百万美元)		发行普通股数(千股)		美国财富500强排名		市值(百万美元)
		2006年	2005年	2006年	2005年	2006年	2005年	
宝洁	94.65	68222	56741	3175086	2461254	24	26	190000(2005/12/31)
宣伟	91.56	7810	7191	134453	135139	311	331	6421(2006/6/30)
雅培	90.23	22476	22337.8	1538626	1487732	93	100	72914(2005/7/1)
辉瑞	85.5	48371	47405	7357944	7458874	31	24	136000(2006/6/30)
BB&T	81.69	94140	7831.5	541475	543102	292	312	22400(2006/6/30)
安海斯—布希	81.59	15717	15035.7	776361	776959	146	139	35240(2005/6/30)
可口可乐	81.47	24088	23104	2318000	2369000	89	92	95706(2006/6/30)
通用电气	77.39	163391	147956	10277373	10484268	7	5	367300(2006/6/30)
德州仪器	77.65	14255	12335	1528000	1640000	167	166	43525(2006/6/30)
箭牌	75.55	4686	4159.3	212729	191867	482	496	8406(2006/6/30)

资料来源：Jayne Elizabeth Zanglein and Evan Michael Schliserman, 2004: 13; 相关公司 2006 年年报;
http://money.cnn.com/magazines/fortune/fortune500/。

表 2.6　1991—2005 年美国共同基金中的退休账户资产和比例

年　份	共同基金资产总值	退休账户总值 （10 亿美元）	退休账户比例 （%）
1991	1393.19	322	23.11
1992	1642.54	418	25.45
1993	2069.96	581	28.07
1994	2155.32	664	30.81
1995	2811.29	913	32.48
1996	3525.80	1171	33.30
1997	4468.20	1544	34.56
1998	5525.21	1954	35.37
1999	6846.34	2545	37.17
2000	6964.63	2492	35.78
2001	6974.91	2360	33.84
2002	6390.36	2105	32.94
2003	7414.40	2682	36.17
2004	8106.94	3084	38.04
2005	8905.17	3444	38.67

资料来源：Investment Company Institute，2006 Investment Company Fact Book，58，71。

金中的退休养老基金近 70% 是投资于资本权益市场的。[①]

（3）非营利组织作为产权持有者

非营利组织的资金通常来源于社会捐款及政府拨款，而其运作产生的收益则用于社会共同体。这些非营利组织有不同的名称，比如：

● 基金会（Foundation），指具有独立资金来源（通常是单一家族或公司），由委托人或董事会管理，在支持社会、教育、

[①] 数据来自 Investment Company Institute，2006 Investment Company Fact Book，p.66。

慈善等公益事业的非政府非营利机构，其中包括独立基金会（Independent Foundation）、公司基金会（Corporate Foundation）、社区基金会（Community Foundation）和运作型基金会（Operating Foundation）①。 熟知的有福特基金会、传统基金会等。 目前规模最大的则是比尔·盖茨夫妇及巴菲特出资设立的比尔·盖茨夫妇基金会。

● 捐募基金（Endowment Fund），通常是指大学通过向校友或支持者募捐资金设立的基金，以投资方式运作，收益用于支持学校发展，而本金永续存在，因此也可理解为校产基金。目前美国众多大学均有校产基金，最大最强的当属哈佛和耶鲁这样的老牌名校②。

● 慈善基金（Charities），指民间组织通过注册，向社会大众募集资金设立的基金，用于慈善医疗、扶贫、济贫等慈善事业。 著名的 United Way 就是这类基金③。

---

① 对各类基金会性质及运作感兴趣的读者可参阅资中筠所著《财富的归宿：美国现代公益基金会评述》。

② 参见表 2.10。

③ 美国将慈善机构又分为 21 个大类，分别为药物滥用和成瘾（Addiction and Substance Abuse）；农业、食品及营养（Agriculture, Food, and Nutrition）；动物福利与保护（Animal Protection, Welfare, and Services）；艺术、文化及人文学科（Arts, Culture, and Humanities）；民权与自由（Civil Rights and Liberties）；环保教育 Conservation and Environmental Education；法律相关（Crime and Legal Related）；疾病及疾病研究（Diseases and Disease Research）；生态环境及动物（Environment and Animals）；医疗保健设施及项目（Health-Care Facilities and Programs）；住房（Housing）；全球发展及救援（International Development and Relief Services）；国际人权（International Human Rights）；心理健康和危机干预（Mental Health and Crisis Services）；行为艺术（Performing Arts）；慈善精神、志愿精神及公共福利（Philanthropy, Voluntarism, and Public Benefit）；污染（Pollution）；公共安全、灾祸应对及救助（Public Safety, Disaster Preparedness, and Relief）；研究机构（Research Institutes）。

2005 年时各类非营利组织的状况如表 2.7 所示。

表 2.7　2005 年美国各类非营利组织的状况

类　别	个　数	资金(亿美元)	资　料　来　源
基金会	71095	5505.50	The Foundation Center, Foundation Growth and Giving Estimates, 2007 （只包括了近几个财政年度发放捐助的基金会）
校产基金	764	3400.80	2007 NACUBO(National Association of College and University Business Officers) Endowment Study
慈善医疗	202	8860.00	Commonfund：CBS Studies
合　计	72061	17766.30	

除了上述各类基金会和慈善机构外，美国还有一个特别类型的个案——阿拉斯加永久基金会，它由政府立法创办，由政府任命的人员管理，其保值增值的收益用于本州居民的福利。

专栏 2.2

阿拉斯加永久基金

阿拉斯加永久基金是该州 1976 年通过的宪法修正案决议成立的。该决议规定：将 25% 的矿产资源红利、税收以及相关收入投入一个可投资创收的特殊基金之中。基金的收入由立法机关决定使用，基金本金必须原封不动地保留。在州宪法修正案通过四年之后的 1980 年，立法机构制定了建立阿拉斯加永久基金公司的法案。该法案给基金拨款 9 亿美元，规定了理事会独立负责永久基金的运营并列出了基金可以投资的项目名单,还设计了使用基金收益作为公众分红的方案。基金理事会由 6 名成员组成,2 名内阁成员,4 名公众代表,公众代表任期为 4 年。

该基金成立以来,运作成功,基金的资产增长很快。2006年,阿拉斯加永久基金资产达到 352 亿美元,跃居全球 100 家最大的基金之列。

1982 年,基金的分红方案生效。分红方案主张给予所有在阿拉斯加居住 6 个月以上的居民平等的基金分红权利。首次支付 1000 美元,以后各年的分红支付都视永久基金收入而定。永久基金收入以 5 年收入的平均数为基准,将依此计算的 50% 的永久基金收入分配给每位有资格的阿拉斯加公民。下表列示了该基金历年分红的情况:

单位:美元

年份	人均分红	年份	人均分红	年份	人均分红
2006	1106.96	1997	1296.54	1989	873.16
2005	845.76	1996	1130.68	1988	826.93
2004	919.84	1995	990.30	1987	708.19
2003	1107.56	1994	983.90	1986	556.26
2002	1540.76	1993	949.46	1985	404.00
2001	1850.28	1992	915.84	1984	331.29
2000	1963.86	1991	931.34	1983	386.15
1999	1769.84	1990	952.63	1982	1000.00
1998	1540.88				

资料来源:阿拉斯加永久基金官方网站。

粗略地说，上述各类以服务社会—公众为目标的基金规模是相当大的。表2.7中列出的数据加上阿拉斯加基金，2005年前后美国非营利组织基金的规模超过1.8万亿美元。考虑到表2.7中慈善基金中的8860亿元，仅包括慈善性医疗机构，而另外还有约20类其他慈善机构的资产未能统计；也可能还有其他类似阿拉斯加永久基金这样的地方基金，我们可以判断，2005年前后，美国的社会公众型基金的总规模应当超过2万亿美元。与同期我国国有企业净资产相比，不相上下了。

上述社会—公众型基金基本上都是在法律法规的范围之内，由基金董（理）事会制定章程，聘请专业人员自主运作的。有的基金会本金用于投资，收益用于捐助，有的基金会则规定要在一定的年限把本金和同期内收益全部捐助完毕。基金会通常由独立的董事会根据基金章程管理，主要职责是决定资助的对象和捐助的数额。基金的资产则投资于各种金融工具以求增值。像养老基金一样，社会—公众型基金会的资产也广泛投资于金融市场。其中大部分投资于股票市场，同时也投资于债券、货币市场、私募股权基金、不动产、国外资产等等。其平均的投资组合与养老基金的投资组合比较接近。表2.8是美国不同的机构投资者的资产组合的一般情况。

表 2.8　2001 年机构投资者资产组合(%)

分　类	股　权	债　券	现　金	其　他
私人信托	46	17	7	30
州与地方养老基金	56	33	5	6
公司养老基金	58	37	3	2
开放式共同基金	69	30	0	2
封闭式基金	22	78	0	0
人寿保险公司	28	56	6	10
财产和灾害保险公司	20	59	5	16
银行和信托公司	12	28	—	60
基金会	56	26	13	5

资料来源: Jayne Elizabeth Zanglein and Evan Michael Schliserman，2004:15—16。

不同的基金会的投资组合和投资策略还是有较大差别的，其投资绩效也相差很大。如表 2.9 所显示的，不同的美国大学校产基金的投资组合差别相当大，投资绩效也有很大的差别。比如哈佛校产基金近 10 年来的投资年平均收益率约为 16%，远远高出美国许多著名的机构投资者或资产管理公司的 10%[①]；而耶鲁大学校产基金的投资表现更超出哈佛(见附录)。

---

① 盛立军、李渊浩、赵宁:《机构投资与资产管理》,中华工商联合出版社 2007 年版,第 11—15 页。

表 2.9 美国著名大学校产基金的投资组合与一般大学的比较

	耶鲁大学	哈佛大学	普林斯顿大学	斯坦福大学	平均值	一般大学平均值
国内股票	22.5	36	20	30	27.1	45.3
国内固定收益	12.5	10	10	9	10.4	21.5
外国股票	12.5	29	20	23	21.1	17.7
私募股权	32.5	25	25	30	28.1	9.6
其他	20	0	25	8	13.3	6.3

资料来源：盛立军等（2007：10）。

总之，各种社会—公益型基金会已积累了巨大规模的长期资产，其主要部分又通过投资上市公司股票而成为企业产权的持有者。2005 年，这种类型的产权持有超过万亿美元。它们和传统私人—家族的产权、共同基金和养老基金等现代产权主体一起，构成了当代美国主流企业界的多元化产权结构。

3 产权社会化

上面的资料表明，现代企业中产权主体形态早已脱离私人所有制的垄断时代，呈现出多种产权主体并存共生的局面。

从社会关系角度，我们把上述各类新、老产权主体定义为四类：

● 传统私人产权：私人与家族持有的企业股权。

● 联合私人产权：以共同基金及信托、保险等形式持有的企业股权。

● 集体法人产权：以各类养老基金为主要形式持有的企业股权。

● 社会法人产权：以非营利组织为主持有的企业股权。

下面分别加以简要说明。

（1）传统私人产权

众所周知，以私人和家族创办或控股企业，曾经是资本主义生产资料所有制的主要形式，或者说是占垄断地位的形式。这类产权现在仍然在中小企业或创业型企业中广泛存在。但在现代产业部门的主流企业，特别是上市公司中，传统私人产权已经转变为多种产权主体之一。资料显示，在绝大多数大型上市公司中，传统私人产权的股权比例居于次要地位，甚至就类似我国股市中的"散户"或"股民"。在这种情况下，虽然传统私人产权的私有性仍然存在，但就其在经济运行过程中的实际功能而言，它已成为其他占主要地位的产权形式的附属。

马克思曾说过，一个时代中生产资料所有制主要形态有如"普照之光"，那是指一个社会中的产权有主次之分；如同我国过去关于"公有企业主导、私营经济补充"的说法。但现在面临的情况，则是同一企业内部多种产权主体并存，且传统私人产权居于次要地位。可以说，这是更为深刻的私人产权的"非私有化"。因此，在现代产业经济的核心部分，传统私人产权虽然形式上仍存在，但实际上性质已经变了。

（2）联合私人产权

所谓联合私人产权，顾名思义，是指多个私人资产通过联合而形成的产权安排；这里主要是指以共同基金为代表的各类资本合作型组织。

在共同基金之类的投资机构中，出资人中相当多的是居民家庭，大众把资金投入到投资基金中之后，由专业投资管理人员组成的投资管理机构负责资金的投放和回收。这些投资管理人收取一定的管理费用（有些场合加上业绩奖励），作为自己专业人力资本获取的薪资报酬；而基金运作产生的收益（或亏损）则由出资者分享或承担。因此，这类机构中，投资管理人获得的基本上是负责劳动的报酬，而出资人则获得资金运动产生的收益，承担投资亏损的风险。最后，在资金收益中，每个出资者获得的份额与其出资份额相当，除了税收之外，原则上没有其他中间形式的扣除；因此，在联合起来的基金组合中，每个出资者的产权与收益都是独立存在与换算的。这就是说，资金是联合运用了，但产权基点还是私人的；在联合化中保留了私人产权的明晰性，而在私人产权的基础上则实现了资本的联合运作与利益共享。 这可以说是联合私人产权的本质特征。

（3）集体法人产权

我们把养老基金称为集体法人产权，主要考虑养老基金通常由国家专门立法创设与治理，收益又归某一特定社会群体(公务员、教师、员工等)分享。 可以认为：养老基金的成长乃是现代企业产权社会化的最大推动力之一。 我们知道，养老基金的参加者在个人缴费后一般都能享受企业雇主的匹配缴费，而公司养老基金中，雇主为雇员匹配支付的养老金是从公司收入(利润)中支出的，这对企业的产权制度安排来说，是一个非常重要的变化，雇员实际上分享了企业的剩余。 不仅如此，养老基金中通常会有很大部分用来投资股票，而几乎所有上市公司都会用本公司雇员的部分养老基金来购买本公司的股票，因而养老基金不仅可以参与公司的股权分红，还可以分享公司股权增值的收益，当然，也必然要承担企业的风险。 这样，养老基金在双重意义上分享了企业的剩余，而雇员也通过养老基金间接地成为公司的股东。

时至今日，养老基金已经是美英等发达国家企业的最大股东。 通过养老基金，企业的剩余价值和经济增长及发展的成果很大程度上实现了社会共享。 值得强调的是，这种社会共享不是通过收入再分配，而主要是通过产权社会化来实现的。

相对收入再分配而言，通过产权社会化来实现经济发展成果的社会共享，其制度成本更低，更能得到社会各方的认同而不是抵触，一般来说，它不需要借助大规模的政治过程的干预。产权社会化因此为经济发展成果的社会共享提供了可操作、可持续的制度安排和物质基础。

早在 1976 年，美国的管理学家德鲁克就出版了《看不见的革命：养老基金社会主义是如何来到美国的》（*The Unseen Revolution: How Pension Fund Socialism Came to America*）一书，讨论养老基金在美国的成长及其意义。德鲁克谈到企业员工通过养老基金的不断积累，已经控制了美国公司 35% 的股权，大大超过了控股所要求的比例。德鲁克说：

> 养老基金已经成为美国的新"大亨"——它是任何社会里都好像最不可能出现的主人。养老基金取得这种地位没有经历任何斗争，任何危机，任何"问题"。这是一个惊人的成功故事——更为惊人的是，还没有任何人给予它以足够的注意。

德鲁克预言，按照这样的趋势，到 1985 年养老基金控股的比例会达到 70%，从而使美国的雇员们通过退休养老基金而成为美国生产资料的真正所有者。"如果社会主义的定义是生产资料的工人所有制……那么，美国就是第一个真正的

社会主义国家。"①。 虽然目前的发展并未达到德鲁克所预言
的比例，但他预言的这个方向及其结果则是毋庸置疑的。 前
面已经讨论过，截至 2005 年，养老基金已持有美国 40.7% 的
股权资产②。 这即使称不上是德鲁克所说的"养老基金社会主
义"（Pension Fund Socialism），也可以如同一些学者那样，将
其称为"养老基金资本主义"（Pension Fund Capitalism）③。

（4）社会法人产权

各类以社会公益事业为服务目标的基金会代表着上述产权
形式中社会化程度最高的产权形式。 这是因为，其资产来源
于社会成员的捐助，运行控制是通过社会专业机构或团队实现
的，而资产的增值收益则用于社会公共事业，可谓民有、民
治、民享之体现了。

就校产基金为代表的教育性资产和慈善医疗机构代表的医
保型资产而言，其社会性是显而易见的。 这些基金资产的来
源主要是校友、热心教育/医学事业的相关人群的自愿捐助。
这些基金会通常是常年接受捐赠，并且经常展开集中的、有计
划的大型募捐活动。 由于社会公益捐赠人群的增长，捐款已

---

① Peter F. Drucker, *The Unseen Revolution: How Pension Fund Socialism Came to America*, London: Heinemann, 1976.

② 详细数据可参阅世界大企业联合会（The Conference Board）: The 2005 Institutional Investment Report。

③ Jayne Elizabeth Zanglein and Evan Michael Schliserman, 2004. 孟克斯、米诺：《监督监督人：21世纪的公司治理》，中国人民大学出版社 2006 年版，第 123 页。

经成为某种常规的"市场"了；不同捐赠者选择符合自己价值观和兴趣的公益项目，而不同募捐机构也应运而生，专门帮助基金会设计和运作募捐项目。 比如，克林顿任总统期间曾有连续多年的经济与股市繁荣，社会捐款能力大为增强，于是许多大学基金会便集中展开大型募捐，成效显著。 仅哈佛大学一家，在那期间就募得超过 20 亿美元的捐款，显著增强了哈佛校产基金的资本实力。 如今，美国各主要大学几乎都积累了数目庞大的校产基金。 表 2.10 显示了 25 名大学的校产基金情况。

上述基金会的资产通常不能直接用于学校或医院的运营费用；而是作为长期存在的资本，进行保值增值的运作；而运作所得的资产增值，按照章程规定，部分或全部拨款给学校或医疗机构，再用作营运费用。 因此，一个校产基金能对学校起多大作用，一是取决于该校产基金的规模或该校的募捐能力；二是要看该校产基金投资运作的能力。 一个投资运作能力强大的校产基金，即使初始资本有限，也仍然可能经过多年增值成长为大型基金，从而为学校财务健康做出重要支撑。 耶鲁大学就是这方面的典范（见附录 1）。

怎样理解校产基金和医疗保健基金这类机构的资产？ 这些基金会的资产运作产生的收益，即资产增值，最终还是用于这些相关学校、医院等机构的运行。 初看这些基金，只是造

表 2.10　2006 年美国前 25 名校产基金（亿美元）

排名	学　　校	所 在 州	2006 年资产	2005 年资产
1	哈佛大学	马萨诸塞州	28915706	25473721
2	耶鲁大学	康涅狄克州	18030600	15224900
3	斯坦福大学	加利福尼亚州	14084676	12205000
4	得州大学	得克萨斯州	13234848	11610997
5	普林斯顿大学	新泽西州	13044900	11206500
6	麻省理工学院	马萨诸塞州	8368066	6712436
7	哥伦比亚大学	纽约州	5937814	5190564
8	加利福尼亚大学	加利福尼亚州	5733621	5221916
9	密歇根大学	密歇根州	5652262	4931338
10	得克萨斯农工大学	得克萨斯州	5642978	4963879
11	宾夕法尼亚大学	宾夕法尼亚州	5313268	4369782
12	西北大学	伊利诺伊州	5140668	4215275
13	爱默里大学	乔治亚州	4870019	4376272
14	芝加哥大学	伊利诺伊州	4867003	4137494
15	华盛顿大学	华盛顿州	4684737	4268415
16	杜克大学	北卡罗来纳州	4497718	3826153
17	圣母大学	印第安纳州	4436624	3650224
18	康奈尔大学	纽约州	4321199	3777092
19	莱斯大学	得克萨斯州	3986664	3611127
20	弗吉尼亚大学	弗吉尼亚州	3618172	3219098
21	达特茅斯大学	新罕布什尔州	3092100	2714300
22	南加利福尼亚大学	加利福尼亚州	3065935	2746051
23	范德堡大学	田纳西州	2946392	2628437
24	霍普金斯大学	马里兰州	2350749	2176909
25	明尼苏达大学及相关基金	明尼苏达州	2224308	1968930

　　资料来源：全美大学校务管理者协会（National Association of College and University Business Officers）2007 年统计。该协会成立于 1962 年，拥有 2500 个高校机构会员，占全美高校的 2/3；协会的宗旨是为高等教育的行政和财务管理树立卓越的准则。

福于对应的个别学校或医疗机构；但是，教育和医疗卫生等事业都是面向全社会的公共产业，也是现代国家中政府直接通过财政预算拨款兴办或扶持的事业。 可以说，针对一所大学或医院费用额度发展而言，国家教育部门的财政拨款与校产基金的供款并无差异；医疗卫生基金的捐助与国家财政的扶持也可谓殊途同归。 从这层根本意义上说，校产基金与医疗卫生基金这样一类以支持社会公共事业为宗旨的资产，与国有资产几乎具有同等的社会化性格。

4　所有权替身化和现代企业的三权分离

在现代企业所有者走向多元化与社会化的同时，必然发生各类资本所有者委托他人代为履行其所有者职能的情形，我们把这一变化称为所有者替身化。 事实上，所有者替身化是所有者多元化和社会化的必然产物。 如前面所述，二战后经济社会的发展，人口结构变化和退休养老制度的建立，使投资者的数量空前增长，投资者成分则日益非专业化。 普通中产阶级通过养老基金和共同基金等方式，直接或间接地投资于资本市场。 显然，这些基金的中小股东没有足够的股权、时间、精力和专业知识来运作自己的资金；只能把自己的资金委托给专业的资本经理人来管理，把所有者的部分职能让渡给受托管理他们储蓄投资的机构，这些专业的资本经理人和机构就成了他们的替身所有者。替身所有者，或职业资本经理人，作为一个现代社会的职业阶层，他们用自己的专业知识行使替社会理财，即管理和运作社会化的财富和资本的职能。

替身所有者已成为现代企业各类股东中最为重要的一类，有的称为"资金经理人"（money manager），主要指共同基金类从业者；有的称"股权经理人"（equity manager），主要指私募股权投资基金的从业人员。他们管理的资本不同，前者为共同基金，后者为私募股权基金；受托的主体也不同，前者为普通的储蓄投资者，后者为追求高额回报的风险投资者。这两类替身所有者的共同特点是，以自己的专业知识和能力取得终极资本所有者的信托，行使股权资本的管理权，并因此参与受资企业的公司治理，行使企业所有者的权利。

替身所有者—职业资本经理人这种社会职业的出现，意味着资本的所有权与资本经营权的体制性分离。终极所有者不再出面担任实体企业股东，而是委托职业资本管理者作为资本的替身行使股东权利；这些受托管理资本的人在实体企业中行使着真实有力的股东或董事权利，但其行权所凭借的资本却属于他人，这些人因此可被称为替身股东或替身所有者。而真正的资本所有者把资本经过中介机构，即职业资本管理者，投入目标企业。用专业话语来说，他的货币（财务）资本必须经由职业资本经营者才能转化为职能资本。结果是，他不仅不能参与企业的经营，而且也不在企业股东名册之内，他只是企业资本的终极出资人，而在企业里行使所有者权利（或股东权利）的主体已不是他；而是代他进行职能股权投资的资本管理者了。这些权利包括资本处置及企业治理的各个方面。当然，这个资本运行获得的增值，大部分归最终出资人，小部分归资本管理者；因此，从这个终极意义上讲，出资人应是真正的企业所有者，而资本管理人只是他的替身，是谓替身股东。

资本所有权与资本经营权的分离，加上企业所有权分散化、多元化、社会化而导致的企业所有权和经营权的分离，代表了现代企业产权制度演变之全部内容的"三权分离"，即资本所有权、资本经营权（即企业所有权）与企业经营权三者之间的制度性分离（见图2.2）。一方面，这种三权分离是现代企业产权演变的结果，另一方面，也是现代资本运作和企业经营管理日益专业化的必然要求。在这个三权分离的现代企业产权结构中，替身所有者占据着关键的位置，扮演着重要的角色，他连接着终极所有者和受资企业，既管理和运作资本，也参与公司治理。因此选择有效的替身所有者，建立替身所有者的有效运行机制，就成了现代企业和现代经济健康成长的关键。 理解这一点，对于我们选择大型国企改革的战略至关重要。

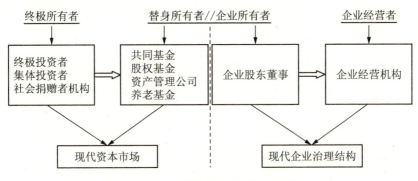

图 2.2　现代企业与资本市场

5　现代企业产权革命的意义和启示

现代企业产权制度的革命，在很大程度上扬弃了古典意义上的私人所有制，实现了产权安排的高度多元化和社会化。这场看不见的、静悄悄的革命可以说完全是发达国家经济社会生活的内在逻辑推动的结果，它是现代社会各种交往关系发展的产物，是生产关系适应生产力发展在微观制度层面的体现。马克思曾经预言，资本主义私有制（生产关系）与现代社会化生产力之间的矛盾必然会导致资本主义私有制的灭亡；他认为由于资本家阶级不会自动放弃他们的财产、自动退出历史舞台，这个过程要通过工人阶级推翻资本家阶级，建立公有制的政治革命来实现。但是，现在我们看到，在工人阶级政治革命未能发生的情况下，私有制的产权制度仍然通过渐进演化的过程发生了实质性的自我扬弃，向着产权多元化与社会化的方向运动。为什么？这种变迁绝非出自某种政治力量或观念的推动，它是生产力社会化的高度发展迫使生产关系层面进行的自发调适。可以说，如果没有包括产权制度变革在内的各种自我调整，西方资本主义生存至今将是不可想象的。私有制的自我扬弃挽救了资本主义，现代企业产权的变革无可辩驳地证明了生产关系必须适应生产力发展的客观规律。在表象上，历史似乎否定了马克思，而在本质上，历史恰恰肯定了马克思。

现代企业产权制度的这种演变无疑具有历史的进步性，它为经济发展和进步成果的社会共享提供了可操作、可持续的制度安排和物质基础。但这种产权演变的结果必然是企业的终极所有者缺位，其因应的制度安排不是所有者归位，而是所有者替身化，即由职业的产权经营者来运作终极所有者的资本和行使企业股东的职能。发达国家现代企业产权制度的这些变化对我们选择国企产权改革的战略无疑是非常现实和有价值的借鉴和启示。

值得指出的是，本书所讨论的现代企业产权革命迄今为止并未得到学术界应有的注意和重视。 无论是传统的马克思主义政治经济学，还是主流的西方经济学，对企业产权的看法都仍停留在亚当·斯密和马克思的时代，也即第一次工业革命的时代，想当然地用私有产权来定义西方发达国家的现代企业，并认定私有产权明晰是西方企业有效和成功的根本。 这种知识上的盲点不仅误导了我们的认识，更误导了国企改革的思路。 在国企改革问题上，不论是主张民营的观点，还是主张由国资委来行使国企股东权利的观点，其理论假设都是通过所谓"所有者归位"来明晰国企产权，解决国企所有者缺位的问题。 这两种观点都是源于对现代企业产权制度演变和革命的忽视。 在这种背景下，研究和讨论现代企业产权革命所带来的变化及其深远的意义就显得尤为迫切和必要。

第三部分
现代企业产权革命的驱动因素

■ 推动现代企业产权变革的因素是多方面的,既有企业的内生因素,也有各种社会外部因素的作用;既有各类主体日益增长的投资需求,也有社会制度方面的供给和保障及社会文化因素的影响。归根到底,是现代科学技术和生产力的发展及社会经济政治文化等各方面的进步,推动了现代企业产权的不断演变。

■ 不同产业的企业在成长的不同阶段,会有不同的融资需求,因此不同企业股权分散的程度与速度是不同的。在创业阶段,股权通常都会集中在创业者手里。等到企业创业成功,开始迅速成长和扩张,对资本的需求会急遽扩大,从而导致企业的股权迅速分散。

■ 造成现代企业股权不断分散的另一个内部原因是人力资本化。在现代日益激烈竞争的经济环境中,创新对每一个企业都生死攸关,因此,人力资本化是每一个现代企业的一种内在发展趋势。

■ 随着经济社会的发展,民众收入水平提高,投资成了中产阶级大众可以参与的经济活动,日益增多的家庭有了超出日常消费的资金,加入了储蓄投资者的行列,也造成了股权更加分散。

■ 国家立法对现代企业的产权变革具有非常巨大的推动作用,其中特别重要的是,社会保障体系如退休养老基金制度的发展,是二次世界大战后企业产权演变的最主要驱动力之一。今天养老基金已经成为美英等国资本市场上最大的投资者和股东。

■ 促进产权分散化、多元化和社会化的另一项重要立法是累进的高额遗产税,它鼓励了富人的社会公益与慈善捐赠,促进了财富的分散和转移。

■ 除了立法因素以外,社会观念和文化对慈善和公益捐赠的影响也是导致产权分散化、多元化和社会化的一个重要原因。

那么,是什么推动了并继续推动着现代企业的产权变革呢? 推动现代企业产权变革的因素是多方面的,既有企业的内生因素，也有企业所在社会的各种外部因素；既有社会各类主体日益增长的投资需求，也有社会制度方面的供给和保障及社会文化因素的影响。归根到底，是现代科学技术和生产力的发展，现代社会各种交往关系的发展及社会经济政治文化等各方面的进步，推动了现代企业产权的不断演变。

1　企业成长与股权分散

假设创业股东，不论是私人还是国家，原则上是希望尽可能地占有企业股权；这样做的理由不仅是财富最大化的动机，而且出于对确保控制权安全性的考虑。由此推论，股权社会化——即股权向其他人的扩散——只能由于企业资本需求超过了创业股东自筹资本量，迫使企业主稀释其股权。这样，我们可以从资本供求两个方面对资本社会化的驱动因素做点初步分析。

现代企业规模巨大，企业的融资扩张动辄募集以亿万元计的天文数字，其资本金额大大超出一般个人财富的量级；而且投资风险与投资收益同在，即使一些富可敌国的个人，也不愿意把所有的财产投在一个企业中，而会选择分散风险的策略。因此企业的融资扩张和募集资金都会吸收很多个人或机构成为公司股东，并必然导致控股股东的股权稀释，其结果是现代企业的股权日益走向分散化和多元化。

当然,不同产业的企业在成长的不同阶段,会有不同的融资需求,因此不同企业股权分散的程度与速度是不同的。 比如,伯利和米恩斯很早就注意到,公用事业企业的股权通常非常分散。 这主要是因为,通信交通等公用事业企业规模一般很大,需要巨额投资,另一方面,创办这样的企业风险也很大,能大规模融资同时又能分散风险的最好办法就是吸引尽可能多的人来投资。 结果,大型公用事业企业的股权大都非常分散。 一般说来,资本密集型的现代企业,如冶金、石油、重化工、机械制造等,由于投资和融资的规模比其他类型的企业大,其股权分散的速度和程度也会相对其他类型的企业要大。 其次,从企业的成长阶段来说,在创业阶段,企业规模相对比较小,对资本的需求也相对较小,股权通常都会集中在创业者和早期的风险投资者手里。 等到企业创业成功,走向迅速成长和扩张时期,对资本的需求会急剧扩大,这时,不论是引进战略投资伙伴,还是公开上市募集资金,企业的股权都会分散,当然,公开上市公司的股权会更快地分散。[1]

---

[1] 从股东的角度来说,股权分散会导致其对企业的控制权的削弱乃至丧失,但是股权分散降低了投资的风险,得失相较,自然是后者权重更大,特别对中小投资者来说是如此。这一点,德姆塞茨说得很清楚,他认为企业股权的分散化也有助于降低交易成本和实现股东财富效用最大化。"因企业规模扩大而产生的风险中立和厌恶风险的效果,最终将大大超过因投机取巧造成的成本。这种成本应该是随着所有权结构的更加分散而产生的,因此在企业的规模与所有权集中之间会产生一种反向的关系。与较小企业相比,规模较大、且所有权更加分散的企业,其综合成本实际上更低。因此,所有者选择的那种分散的所有权结构,是与股东财富(或效用)最大化行为相一致的。"(德姆塞茨,1999:253)

（1）创业必要资金规模

影响资本或股权社会化程度的因素很多，但最先发生作用的，恐怕是所处行业的创业必要资金量与创业者自筹资金量的相对规模。所谓创业必要资金量，是指企业从创办到取得现金流量平衡点之时所需要使用的资本，即创业资本；它显然是因行业而异的。比如软件、零售这类行业与重化工或通信设备制造这类行业相比，则前者不仅固定资产投入少，而且开业后现金流量状况易于预期，因此它所需创业必要资金就小得多。正因为如此，微软公司的创业资本基本是比尔·盖茨与保罗·艾伦两人自筹，而没有向外部资本所有者引进风险投资。微软上市前向一家硅谷风险投资公司引入少量投资时，其实从资金上说已经完全不需要这笔钱了；当时引入这笔资金的目的是引进一个外部董事，增加企业治理结构的规范性①。在这种情况下，公司股权就高度集中于两人之手。相反，太阳微系统公司虽也是高科技信息技术企业，但作为设备制造商，创业不仅有较大固定资产投入，而且产品销售也涉及较大的流动资本。在这种情况下，公司创业资金不可能靠四名创业者的个人储蓄来解决；因此，公司创立之时就引进了风险投资公司的资本，形成了较分散的股权结构；其

① 参见 Rivlin. Gary, 1999, *The Plot to Get Bill Gates*, New York: Three Rives Press. pp.52—53。

后，公司在发展过程中为解决资本需求进一步扩股融资后，四名创业者的股本合起来也不足 20% 了。

（2）企业经营过程现金流量的特征与竞争压力

企业经营过程现金流量的特点和规模竞争的压力大小，也会影响创业后企业资本结构的演变，即创业者资本稀释的可能性。如果扩大市场份额的竞争压力很大而企业现金回流周期较长，则创业企业即使达到了盈亏平衡点，仍然可能迫于生存压力需要进一步扩股融资，从而导致创业股东的股权下降；反之，如果企业在经营上有良好的净现金流，企业发展可以依赖内生资金而不必扩股融资，则创业者就能够继续保持较高控股地位。这方面的例子，反面可举通用汽车公司，正面可看沃尔玛商业集团。前者由杜兰特个人控制被迫转向股权分散化，主要原因就是当时积压存货不多，货款回收不了，现金周转失灵，使公司陷入困境，从而被迫接受改组。而沃尔玛公司由兄弟几人在二战后创立，一直经营稳健；企业由于经营的是零售业务，现款现货，而进货则可向生产商赊销及代销，故现金流量很好。所以，几十年中一直保持了家族股份的控制权。

（3）信用融资行业的经营特点

信用融资的难或易会影响到企业的资产负债决策。创业企业在缺少发展资金时，是通过增资扩股还是通过增加负债来解决问题，直接决定着股权是否稀释。企业的融资决策，不仅是企业行为，而且取决于一国银行业的制度与历史特点。比如：美国投资资本行业高度发达，而银行对企业负债比例的管理较严，故美国企业的发展资金首先要靠股权资本解决，银行只能在流动资金和部分投资配套资金上给予配套安排。相比之下，日本、韩国以及我国，社会投资意识与投资工具均不够发达，社会储蓄主要进入了银行系统；加之银行与产业之间的交叉关系，使得企业可以高比例负债，靠贷款搞建设，因此企业容易保持创业股东的股权集中控制。当然，由于股权资本相对银行借贷不够发达，导致的后果则是企业与银行金融风险的扩大。

(4) 创业者生命周期

这一点是指创业股东退出企业的时机与方式对企业股权社会化程度的影响。思科公司上市时的大股东是作为创业者的那对斯坦福大学的教授夫妇；但因两人的长期兴趣不在创业经营而在服务社会与自然探索，故企业上市后不久，两人即把所持股份全部售出。此举显著改变了公司的股东构成，同时似乎也为钱伯斯走上总裁岗位并将公司建成世界上最有价值的企业之一打开了方便之门[1]。相反，比尔·盖茨创业早，能力

---

[1] 钟运荣等:《思科王朝》,广州出版社 2000 年版。

强，又具有传统企业家那种追求成功的持久热情，结果是他对微软公司始终具有不可比拟的股份控制权。 但是，如果盖茨某一天离开公司，并把其股份全部处理后，微软公司的私人控股性质也就会终结了。 在正常情况下，这种特大股权不可能被少数几个投资人所接替，也不太会以遗产形式留给家人①。剩下的方法只能是成立一个公益基金会接受捐赠，而基金会受赠后，除了取代盖茨继续持股作为股东外，也可能陆续卖出微软股权，打造多元化的资产组合。 结果，微软的股权社会化程度与目前相比，肯定会大大提高②。

2　劳动资本化的驱动因素

观察当今科技型企业的股权结构，可知劳动者、特别是知识工作者，在企业的股权中占有一定的地位。 通常，知识工作者的股权是通过创业股份及期权等途径获得的。 本质上，

---

① 我们知道，对盖茨的巨额财富，就像对另一富翁沃伦·巴菲特的资产一样，不知有多少基金或其他公益人士早在打算盘了。这两人的遗产捐赠，将成为史无前例的公共财富形成。2001年某个时候，盖茨与巴菲特，还有那位名气也很大但财富要少得多的投机大师乔治·索罗斯等人，已向新任布什总统致信，反对削减遗产税；这意味着，这批现代富豪大体是打算把资产捐给社会的。事实上，盖、巴二人对此早有明言了。

② 此处引出一个有趣的话题：私人控股企业的老板在几十年占有净剩余形成巨量财富后，退休或去世时又把这财富绝大部分捐赠给了社会，我们的政治经济学家们该怎么称呼这样的企业家呢？是不是人家在当了几十年"资本家"之后又成了"取之于民，用之于民"的人民公仆了呢？

这是把人力资源，或劳动力，转化为企业股权的过程，即劳动的资本化过程，也可以说是劳动者参与企业剩余价值分配的过程。但是，我们也看到，并不是所有劳动都能转化为资本、所有劳动者都能参与剩余价值分配的。那么，哪些劳动者能参与净剩余的分配？能在多大程度上参与剩余价值的分配？这是有待说明的问题。[①]

我们注意到这样两个基本事实：第一，科技含量不同的企业，劳动者参与企业剩余价值分享的程度也不同。思科、微软、太阳微系统公司这类高科技企业与通用汽车这类资本密集企业相比，前者股本结构中劳动转化而来的股份比例比后类企业要高。第二，同一企业内部不同类型的劳动参与剩余占有的程度也不同。总的来说，创业、高管层及技术发明骨干等的劳动转化为股权的程度最高，其次是管理及专业型劳动；而在生产一线或办公室基层的作业人员一般很少有劳动转化为股权的情况。诸如吉米·克拉克[②]的秘书也曾持有价值不菲的股份或会计/出纳也得到几千股认股权这类故事，主要还是局限于类似硅谷创业的中小企业当中。

为什么不同类型的劳动者在企业剩余分享中的地位不同？

---

① 此处论述，参见史正富：《现代企业中的劳动与价值》，上海人民出版社 2002 年版，第 19—23 页。

② 吉米·克拉克(Jim Clark)是著名的美国创业企业家，在上世纪 80 年代和 90 年代创立过视算公司(SGI)、网景公司(Netscape)和永健公司(Healthon)。

要说明这个问题，就需要对不同类型劳动的特征进行解析。马克思当年对复杂劳动与简单劳动作过区分；在科技渗入经济已经高度发展的今天，这种区分更有意义了。

（1）劳动或人力资本解析

我们把劳动按两个维度加以分析：第一，劳动的重复性或创新性，即劳动的内容与方式在不同时间里是简单重复，还是每一次都要涉及对新信息的处理与新情况的应对。打字员的打字工作可能是几乎完全重复的，而技术研发人员的研究工作则因题而异，几乎每项新任务都会涉及大量"第一次"面对的难题。从完全重复到高度创新，不同的劳动可以排列出不同程度的重复性或创新性。第二，劳动成效的可测度性，即劳动成果在多大程度上可以进行定量的测算。搬运工的搬运数量是完全可以计量的，而研发人员的成果就不容易衡量了。同样，不同劳动的可测度性也可以从低到高加以排列。将这两个指标组合，可以把劳动作如图3.1所示的分类。

（2）劳动的创新性与剩余分享权

首先，可以说明，创新性程度越高的劳动参与剩余分享的程度也会越高。这可能有三个方面的原因。

第一，创新性劳动在企业价值形成中的作用最为重要。就技术密集（如思科）和管理密集型企业（如麦当劳）而言，这一点似乎较易理解。但对一般制造业呢？情况略有不同。在

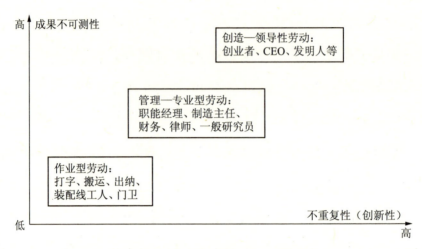

图 3.1　按劳动的内在特征分类的劳动者类别

技术与市场较为稳定的环境中，对创新的需求可能不大；但任何企业在任何时候，只要参与市场竞争，则对手的竞争行为总会创造出形形色色的挑战，要求企业尽快应对与超越，这就要求创新；不一定是技术突破，也可能是生产组织、成本控制或客户服务等方面的推陈出新。在当今全球化趋势下，管理与技术创新已经成为所有企业参与竞争的必修课了。因此，尽管创新在不同企业的价值驱动因素中可能有重要性程度的不同，但它在所有企业中都是重要的价值因素，则是没有疑义的。当然，当劳动者人力资本的特征与企业价值驱动因素两者之间存在着高度吻合时，他对企业价值的贡献就更大了。而这是个人与企业之间的价值匹配问题，会由市场这只看不见的手去解决；它不改变在总体上的结论：创新性越高的劳动具有的价值也越大。

第二，高度创新的劳动属于稀缺资源，供给弹性较小。具有高创新性的劳动，如创业家、企业领袖或发明家，其才能如同艺术家一样，在相当程度上出自天赋或者由人生的特殊阅历中积累而来，而不是学校或其他机构通过培训能够复制出来的。因此，这类劳动的供给非常有限，在关于自身收入的谈判中处于强势地位。反之，类似搬运工或收银员这样的劳动岗位，对普通人加以简单培训后即可胜任，故其供给弹性很大。

第三，创新性高的劳动通常收入水平也高；而收入越高则承担风险的能力越强；这也就是说，其用部分工资收入交换企业剩余参与权的意愿也就越强。我们看到，美国企业高管层收入分配的一个趋势是：底薪等固定收入占总收入的比例降低，而由股票权益代表的风险收入的比例则相应提高[①]。

（3）劳动的成果可测性与剩余之分享

劳动效果的不可测性与监督成本密切相关，从而影响该种劳动对净剩余参与的必要性。劳动效果越不好测量，则使用工资奖金这些外部刺激手段的效果越差，也就越有必要把追求劳

---

① 美国投资者研究中心的凯西·鲁克斯顿根据对标准普尔 1500 家超大型企业的数据分析，指出，美国企业经营层的报酬中来自长期激励（如期权）的部分在 1997 年已达到很高的水平。参阅凯西·B. 鲁克斯顿：《1997 年经理报酬研究：美国标准普尔 1500 家超大型企业的实践》，载梁能等主编：《公司治理结构：中国的实践与美国的经验》，中国人民大学出版社 2000 年版，第 313 页。

动效果最优化的动力加以内在化。 而要促使劳动者把追求劳动业绩的动机内化，就必须把他收入的一部分与企业净剩余的分享权挂钩。 相反，如果劳动成果可以直接计量，例如搬运工人的运量，则使用计件工资或计时工资加奖金，就能有效调动劳动者追求劳动效果的积极性了。 简言之，劳动效果越不好测量，外部监督成本越高，则该种劳动参与剩余分配的可能性就越大。

劳动创新性程度与劳动效果的不确定性程度这两件事，又都是受经济体系的知识化程度影响的。 因此，现代经济中科技渗入产业的趋势越强，企业过程知识化的水平越高，则多类知识劳动者的比重越大，劳动参与企业剩余分配的广度与深度就越会发展。 在这个意义上说，劳动参与剩余的分享，既是当代世界经济中科技创造生产力这一趋势的结果，也是它的原因。

把前述资本供求相关的股权稀释和此处所述的劳动资本化①，两个指标的组合，可以形成四种状态，可用来描述企业所有权的不同模式，如图 3.2 所示。

---

① 如果说资本社会化是马克思当年关注并做出理论分析的现象的话，那么，劳动资本化则是他完全未曾料到的问题。例如，他在谈到当时股份公司中职业经理时说：资本所有者获得的股息包括利息和企业主收入，也就包括全部利润，"因为经理的薪金只是，或者应该只是某种熟练劳动的工资，这种劳动的价格，同任何别种劳动的价格一样，是在劳动市场上调节的"（马克思：《资本论》第 3 卷，《马克思恩格斯全集》第 26 卷，人民出版社 1975 年版，第 494—495 页）。

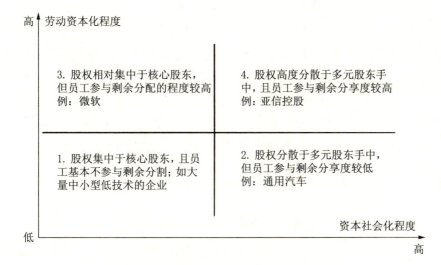

图 3.2　按社会化程度分类的企业模式

处于图 3.2 左下角的企业即类型 1，两个指标程度都很低。这意味着企业剩余价值主要由股东占有，员工基本报酬形式是工资；同时，企业股东人数较少，控股权通常集中在个人、家族或主要合伙人手上。这类企业通常规模不大，技术含量较低，创业者、出资者与企业管理者三种角色高度重合。显然，这类企业与马克思笔下的业主资本主义企业最为相似。

值得指出的是，虽然这种业主型企业在性质上已不是当代经济中的主角，但就企业数量与就业人数而言，哪怕是在最发达的国家中，仍然是经济系统的重要组织部分；尤其在与大众日常生活有关的行业中，比如特色餐馆、旅游服务、车辆修理、农产品运销等等，甚至起着主要作用。

　　处于图 3.2 右下角的企业即类型 2，资本社会化程度很高但劳动资本化程度不高。 在这类企业中，员工也是以工资为主要形式补偿劳动力价值，剩余价值则主要归企业股东所有；但股东人数很多，企业总股权在大量股东之间分散持有，以至于没有够资格称得上"老板"或"资本家"的控股者。 这类企业通常规模很大，处在资本密集的产业中，企业的创业者恐

表 3.1 　 2001 年通用汽车公司前十大股东状况

持 股 者	性 质	持股数 （09/30/2001）	占总发行股 （%）
州大道环球咨询公司（State Street Global Advisors）	机构投资者	83005464	15.1
Flat S. p. A	—	32053422	5.8
巴克莱环球投资者公司（Barclays Global Investors Intl）	机构投资者	19776104	3.6
资本研究与管理公司（Capital Research & Mgmt Co）	机构投资者	16637000	3
东南资产管理公司（Southeastern Asset Mgmt）	机构投资者	14758690	2.7
J. P. 摩根 · 弗莱明资产管理公司（Morgan (jp)Fleming Asset Mgmt(us)）	机构投资者	8316454	1.5
先锋集团（Vanguard Group）	机构投资者	8289648	1.5
摩根 · 斯坦利投资顾问公司（Morgan Stanley Investment Advisors Inc.）	机构投资者	6574194	1.2
莱格 · 梅森基金顾问公司（Legg Mason Fund Advisors）	机构投资者	5962664	1.1
德国银行信托（Deutsch Bankers Trust）	机构投资者	4806586	0.9
普瑞姆资本管理公司（Primecap Mgmt Co.）	机构投资者	4248373	0.8

　　资料来源：纽约证交所档案资料，www.nyse.com。

怕已不在人世，由职业管理团队控制企业的战略与运营。 由于股权高度分散，企业董事会便不再主要由股东担任；执行层董事、外部及独立董事通常要占到董事会的 2/3 以上。 显然，这是第一章叙述的经理资本主义企业。 通用汽车公司，应当是这类型企业的典型代表。

处于图 3.2 左上角的企业即类型 3，资本社会化程度低而劳动资本化程度高。 这类企业的典型例子可以用美国微软公司来代表，表 3.2 是微软 1986 年公开上市时的股东状况。

表 3.2　1986 年微软公司前十大股东状况

持　股　者	性　质	发　行　前		发　行　后	
		持股数	百分比（%）	持股数	百分比（%）
比尔·盖茨(William H. Gates III)	创业者	11222000	49.2	11142000	44.8
保罗·艾伦(Paul G. Allen)	创业者	6390000	28.0	6190000	24.9
斯蒂夫·巴尔默(Steven A. Ballmer)	副总裁	1710001	7.5	1680001	6.8
技术风险投资(TVI 1, 2, & 3)	风险投资商	1378901	6.1	1084008	4.4
琼·雪莉(Jon A. Shirley)	首席运营官	400000	1.8	340000	1.4
查理·斯门仪(Charles Simonyi)	—	305667	1.3	295667	1.2
高顿·赖特文(Gordon Letwin)	—	293850	1.3	253850	1.0
威廉 H. (William H.)和玛丽 M. 盖茨(Mary M. Gates)	盖茨父母	114000	0.5	81000	0.3
大卫·马奎德(David F. Marquardt)	TBI 主管	21099	0.1	15992	0.1
波希·伊色克森(Portia Isaacson)	董事	10000	*	10000	*
董事与高管层合计（13 人）(All Officers and Directors as a Group)		13521099	59.1	13345992	53.6

注：* 代表持股比例小于 1%。
资料来源：微软公司 1986 年上市公告书。

专 栏 **3.1**

微软公司——创业者资本主义企业的代表

微软公司初次发行上市时的股权非常集中,盖茨与艾伦这两个最早创业者(含对父母的赠股)持有公司股权在发行前高达78.7%,而上市后也仅仅降低了8.7个百分点,仍然高达70%。特别是,其实盖茨个人就绝对控股了公司,上市前他持股49.2%,加上他赠给父母姐妹的0.6%,总共近50%;初次发行后仍然高达45.1%,足以形成对公司的个人控制了。

与此同时,微软公司中员工通过股票期权或其他方式广泛参与净剩余的分配,并成为企业的股东。其实,这家公司从创业到赢利,就盖茨与艾伦两个股东兼创业者。一直到筹划上市之前,才接纳了TVI这家有私交的风险投资公司成为小股东。公司劳动资本化进程分为两个阶段:第一是初次上市前,主要是在管理与技术核心当中派赠或授权了员工股份;到1986年初次发行时,副总裁巴尔默、总经理兼首席运营官雪莉等12名公司核心层成员共持股2299099份,占上市前公司总股本的9.9%。值得强调的是,这不是一个小数字了:按上市当天市价,它相当于48281079美元;按一年后市价,则已变成209218009美元;若折合到2001年,则是令人瞠目结舌的23174917920美元了。很明显,公司上市前,参与企业净剩余分享的员工人数并不多。上市之后,这种情况发生了变化,享受股份期权的范围与人数显著扩大，大批中级管理、研发与营销人员都获得了与业绩挂钩的个人股权。①

图 3.2 中处于右上角的企业即类型 4，资本社会化与劳动资本化两个指标都高。在这类企业中，不但员工较广泛地参与净剩余的分享，通过各种机制成为股东，而且股东总人数众多，股权分散，资本所有者和企业经营管理层高度分立。因此，企业的公众性与社会性都得到了高度发展。亚信控股公司（ASIAINFO）大抵代表了这类企业。

专 栏 **3.2**

亚信：劳动资本化企业的代表

亚信控股是一家从事互联网基础设施建设与服务的高科技企业，1993 年由两名留美学生出力、一名美籍华商出资 50 万美元于美国得州成立。1995 年初公司回到北京开展业务，又得到聘为执行副总裁（后改称 COO）的刘亚东等人加盟，经过一番艰苦努力，逐渐打开局面。1998 年成功进行了第一轮融资，引入由华平、忠诚等三家美国投资公司提供的风险投资 1800 万美元。凭借这些资金的支持，公司更快地扩张业务，营收与市场份额都大幅攀升。公司遂决定筹备上市，并在上市前接纳英特尔

---

① 这一点在微软中国有限公司前总裁吴士宏的自传中有所透露。参见吴士宏：《逆风飞扬》，光明日报出版社 1999 年版。

公司高达 2000 万美元的投资。

公司上市前得到了高达 4000 万美元的资本投资,但由于企业的高科技特征,相当一部分管理与技术骨干都以授股或期权方式获得了可观数量的股份,以至于包括出纳在内的加盟一定年限以上的全体员工,均获得一点哪怕是象征性的股份。整个股票授权的进程大致分为三个级别:第一,两名最早创业并一直主持高层管理的田溯宁与丁健,得股最多,各占20%;第二,1995 年回北京不久加盟的高管层成员,主要是执行副总刘亚东、首席技术官张云飞、市场与销售副总郭凤英与赵跃 4 人,也获得相当可观的股份,总计约为 25%;第三个级别,是第一次融资后才加盟高管层(CFO 韩颖)及此前加盟的中层骨干多人,每人获股在 0.1% 至 0.5% 之间,加上其他员工的微量授股,共计不超过 10%。后来,按照与华平公司在初次融资协议中关于经营绩效为准调整投资方持股量的约定,又对华平的股权作了增补。这样逐年发展以后,公司在上市前的总股本中,形成了 4∶6 的持股格局,即提供近 4000 万美元财务资本的投资者们获得了 40% 多的股份,而提供人力资本的管理层及全体员工占有的股份则接近了60%。①在某种意义上,亚信公司股权的形成与演化生动地揭示了古典资本主义逻辑在当代经济中的扬弃。

---

① 关于亚信控股的股权变化情况,是由几名亚信资深员工提供的,可能与公司股权登记上的准确数字有出入。

综上所述，可见上面四种企业净剩余分享类型在当代经济体系中是并存的，但似乎有各自的行业重点。其中，类型 1 即业主制企业主要存在于技术不高、劳动密集的部门，单个企业不大但企业数目特多，对吸纳就业、保障日常民生意义最大。其次，类型 2 即经理制的企业，主要是从第二次产业革命即重化工业类产业部门中发展起来的，这些企业大体上在 19 世纪末至 20 世纪前半叶即已创业并成长壮大，其后经过股本公众化和管理职业化的改造，直到今天，在单个企业规模与知名度上仍然处在经济体系的中心，如通用电气、杜邦化学、壳牌石油、联合利华这样一些几乎是家喻户晓的企业，就属此类。类型 3 和类型 4，都属于当代技术革命（尤其是信息技术与生物技术）发生的那些行业中的企业，两者的关键区别就是：创业股东是否仍然控制企业的股权与经营权。前者如微软、甲骨文、戴尔电脑，后者如亚信、思科、硅图、美国在线。而两者的共同点则是：不论企业是否由早期创业者控股，都无一例外地发展起了一套员工参与净剩余分享或股权持有的机制。

当然，不同的行业有不同的专业技术要求，所以，人力资本化程度和情况在不同的企业是不同的。一般来说，越是技术密集型的企业其人力资本化的程度就越高；一个企业的生存和发展对其员工的创造性劳动要求越高，该企业就会有越多的股权作为激励分配给其员工。 虽然技术密集型企业的人力资本化程度通常会更高一些，但在现代日益激烈竞争的经济环境中，创新对每一个企业都生死攸关。 著名经济学家熊彼特更进一步认为，创新是资本主义经济的内在动力。 从这个角度来看，人力资本化是每一个现代企业的一种内在发展趋势，否则，它就无法聚集人才，激励创新，就会在经济竞争中被淘汰。①

3 投资者业余化与资本管理行业的兴起

所谓投资业余化是指参与投资的人并不以投资为职业，而是通过各种中介把多余的资金投入企业。 这种情况是经济社会发展、国民财富增加和扩散、中产阶级成长壮大、民众收入水平提高的结果。 投资不再是少数富人的专利，而成了中产阶级大众可以参与的经济活动。 日益增多的家庭有了超出日

---

① 创新压力不仅在人力资本化的方向上推动企业股权分散化、多元化，而且在企业的管理和决策层面对产权的分散化和多元化发生影响。因为按照熊彼特的观点，"创新"，就是"建立一种新的生产函数"，把一种从来没有过的关于生产要素和生产条件的"新组合"引入生产体系。显然，创新(能力的)竞争对企业来说是一种整体和全面的竞争，创新有风险，要允许试错，允许失败。要实现创新就要有支持和鼓励创新的环境和条件，这种环境和条件需要有制度安排上的保证。虽然企业产权分散化、多元化与这样的制度环境、制度安排之间不能直接画等号，但分散化、多元化的产权结构至少可以保证企业在管理和决策上比产权高度集中的企业更民主，更能够承担风险，因而更能够支持与鼓励创新，特别是当企业发展到一定的规模以后尤其如此(刘昶，2007：44—45)。

常消费的资金，加入了储蓄投资者的行列。 结果是持股人数不断增加，股权更加分散。 特别是二战后半个多世纪来，共同基金和养老基金的迅速发展，几乎所有的美国成年人都成了养老金投资者和企业的间接持股人。 据 2006 ICI Fact Book 显示,到 2005 年，共同基金账户总数已经超过了美国人口的总数①，而共同基金的资产总值则超过了当年 GDP 的 70%。 这些中小投资者都是业余投资者，他们的储蓄投资和养老金投资其单个资金量微小，而他们又大多没有投资所需要的专业知识，也没有时间和精力来从事专业投资，因此大都通过专业投资机构的帮助，实现其投资需求。 但这些中小业余投资者人数众多，他们加入投资行列必然导致上市公司的股权越来越分散化和多元化。

各种各样金融投资机构和工具的发展和完善,为公众投资上市企业股权提供了多样而便利的投资手段和服务。 与表 3.3 反映的美国共同基金账户、资产总值自 20 世纪中期以来迅速发展的概况相对应，表 3.4 反映了同一时期美国共同基金个数的增长。

20 世纪 90 年代互联网的发展，又为投资者提供了更为先进和方便的技术手段。 网上证券交易 1992 年首先在美国出

---

① 当然,这并不是说,每一个美国人都有一个投资账户。事实上,许多个人拥有一个以上的账户,而另一方面,有一些贫困人口则可能根本没有账户。

表 3.3 1940—2005 年美国共同基金账户总数和总值

年　份	账户总数(1000)	资产总额(10 亿美元)
1940	296	0.45
1950	939	2.53
1960	4898	17.03
1970	10690	47.62
1980	12088	134.76
1990	61948	1065.19
2000	244705	6964.63
2005	277713	8905.17

资料来源：2006 ICI Fact Book。

表 3.4 1940—2005 年美国共同基金个数的增长

年　份	资产总值 （10 亿美元）	基金总数	分级基金总数[a]
1940	0.45	68	—
1950	2.53	98	—
1960	17.03	161	—
1970	47.62	361	—
1980	134.76	564	—
1985	495.39	1528	1528
1990	1065.19	3079	3177
1995	2811.29	5725	9007
2000	6964.63	8155	16738
2005	8905.17	7977	20556

a. 分级基金指的是同一支基金下进一步分级的基金(share class)。
如基金甲常常会根据不同的收费计划分为 A、 B、 C 股等。
资料来源：2006 ICI Fact Book。

现，由于其低廉的收费和便捷的服务，发展十分迅速。 网上经纪人收取的交易佣金比传统经纪公司低 90%。 网上投资者还可以通过互联网获得市场资料、公司信息和有关投资的教育性资料。 同时，他们还可以随时上网交易，大大节省了时间。 到 1998 年，美国的网上交易就约占全国全部股票交易的14%。 到 2000 年，美国已有超过 200 家网上证券经纪公司，在线账户1900 万户，账户资产 1.1 万亿美元。 大约有 1/5 以上的上网家庭通过网络进行投资，网上证券交易量已超过美国全部股票交易的 30%[①]。

4   立法与文化变迁对现代企业产权演变的推动

(1) 社会保障体系的立法

国家立法对现代企业的产权变革具有非常巨大的推动作用，其中特别重要的是，社会保障体系如退休养老基金制度的发展，是二战后企业产权演变的最主要驱动力之一。 如我们在前面看到的，今天养老基金已经成为美英等国资本市场上最大的投资者和股东。

---

① 网上证券交易数据来自:http://www.chinaeclaw.com/readarticle.asp? id=727。

美国政府最早的关于公司退休养老金立法是 1921 年和 1926 年的收入法。这两年的收入法允许雇主从公司收入中扣除养老金的付款，并对养老基金的投资收入免税。只要养老金计划符合免税规定，计划参与者在现金发放到手之前其账户里的养老金都不算收入。为获得这样的税收优待，养老金计划要达到最低程度的雇员覆盖面和雇主付款的要求。1942 年的收入法对退休养老金计划的参与提出了更为严格的要求，并首次规定要披露信息。

随着二战后人口结构的变化，特别是人口逐渐老龄化及退休养老社会化对经济和财政的压力，美国政府在 1974 年的雇员退休收入保障法（Employee Retirement Income Secrurity Act，ERISA)①对退休养老计划做了更为规范的立法。雇员退休收入保障法第一条款的目的是为了保护雇员福利计划的参加者和其受益人的利益。其中值得注意的是，雇员退休收入保障法要求私人公司雇员福利计划（Private Employee Benefit Plans)的承办方要向计划的参与者和受益者提供关于计划的充分信息。这一法令也规定了关于向政府报告以及向参加者披露信息的详细条款。而且，该立法还规定了民事执行条款，目的是确保计划基金受到保护，符合条件的参与者获得收益。

在第二部分里我们已经讨论过，以退休养老基金为核心的

①　有关 ERISA 的介绍,详见附录2。

社会保障体系的发展是现代企业产权多元化、社会化变革的最主要动力之一。

（2）高额遗产税对产权演变的推动

在美国，促进产权分散化、多元化和社会化的另一项重要立法是累进的高额遗产税，它鼓励了富人的社会公益与慈善捐赠，促进了财富的分散和性质的转移。

遗产税是美国最早的联邦税之一，但在 1916 年成为经常税种以前，遗产税都是为临时筹措政府收入而设立的，所以曾有三次废立。 1916 年，联邦政府再次开征遗产税，其初始目的是为参加第一次世界大战筹集战费。 不过这一次开征以后，遗产税成为联邦政府的经常税种，并逐步变成了社会财富再分配的重要杠杆。 1916 年开征时的遗产税率最高不超过 10%，以后逐步提高。 1933 年当富兰克林·罗斯福总统就任时，最高税率为 45%。 1934 年和 1935 年罗斯福政府两次提高遗产税，使最高税率达到 60%，然后 70%。

现在美国是世界上遗产税率第二高的国家（第一是日本，其最高税率是 70%）。 起征点在 2001 年时是 675000 美元，实际税率从 18% 到最高的 55%。[①]遗产税还规定，继承人必须先

---

① 可参阅 Wikipedia, "Estate tax in the United States"; Bruce Bartlett, *Death*, *Wealth*, *and Taxes*, The Public Interest, 2000。从 2002 年开始起征点不断提高而税率下降。现在的起征点是 500 万美元, 最高税率是 35%。

缴税，再接受遗产，对许多继承人来说继承遗产成了负担。

把财产捐赠出去不仅可以免缴遗产税，而且有助于树立良好的个人与家族形象，为后代积累无形的道德文化资产。[①]另一方面，捐赠又能促进社会公益与慈善，推动个人希望帮助的各种事业，使那些对个人和家族来说多余的财富发挥更大的社会效益。当然，这同时也导致了私人财富的分散和社会化财富即法人社会资本的积累。

许多富人纷纷在生前把财产捐赠给社会公益和慈善事业。一个非常典型的例子就是 1936 年亨利·福特为了避免巨额的遗产税，成立了福特基金会，把公司 95% 的股权赠给了基金会，创立了当时世界上最大的私人捐赠基金会。[②]

（3）慈善捐赠与社会的观念的影响

除了上述立法因素以外，美国的社会观念和文化对慈善和公益捐赠的影响也是导致产权分散化、多元化和社会化的一个重要原因。

美国文化中有三个根植于美国早期殖民开拓和建国的历史中，并熔铸到民族性格里的特征。这三个特征是：平等观念，个人奋斗精神和社区（社群、社团）意识（sense of commu-

---

① Bourdieu Pierre, *The Logic of Practice*, Standford University Press, 1990.
② 彼得·科利尔、戴维·赫罗维兹：《福特家族传》，中国时代经济出版社 2004 年版，第 305—306 页。

nity）。 我们知道，美国是一个近代的移民社会，历史短暂，没有世袭的贵族阶级和森严的等级差别。 早期美国社会少有巨富，也少赤贫，财富分配相对旧大陆来说要平均得多，而人均财富则比旧大陆高得多。 这样的社会培育了美国人强烈的平等观念。 著名的美国历史学家康马杰说："在整个 19 世纪，平等观念渗透到美国人的生活和思想领域，他们的行为、工作、娱乐、语言和文学、宗教和政治，无不体现平等观念，现实生活中的各种关系无不受这种观念的制约。"[1]另一方面，移民开拓奋斗的历史也在美国精神中打下深深的烙印，培养了美国人崇尚个人进取，而蔑视依赖家族父辈财富和权势的价值观念。 最后，面对一片广袤陌生的新大陆，早期移民虽然崇尚独立，却也必须相互依靠，相互扶持，来面对环境的种种挑战，这在不断开拓新边疆的移民中形成了很强的社区意识。

这三个文化特征深刻地影响了美国人对财富的看法，及对捐赠财富的态度。 平等观念对过分的财富和权势形成一种无形的压力；个人奋斗精神鼓励人们通过自己的努力而不是仰赖家庭的庇荫、父母的财富和权势；社区意识则倡导热心公益，回馈社会，扶危济困。 捐赠财富，是对平等观念的积

---

① 康马杰：《美国精神》，光明日报出版社 1988 年版，第 16 页。

极回应，是对个人奋斗的肯定（不把财富留给后代，而是鼓励他们自己去努力和奋斗），也是对社区意识的彰显和强调。这些文化因素的相互作用以及与社会现实的互动，在 19 世纪末、20 世纪初美国进入工业社会后，极大地影响了第一代美国富豪的财富捐赠。

19 世纪后半期迅速的工业化和城市化给美国社会带来了急剧而深刻的变化。早期移民社会的相对平等让位给了迅速扩大的贫富差别，个别工商与金融巨头凭借他们在行业中的垄断地位，在很短的时间内聚敛了天文数字的财富，而新兴城市的贫民窟里却聚集着越来越多的贫困人口。这种严重违背平等精神的现象自然引起了社会的反弹，于是有了批评当时社会种种弊病的进步主义运动。进步主义运动发轫于 19 世纪 90 年代，持续到第一次世界大战。在这场运动中，那些垄断了工商金融等各业的财富寡头和大亨无可逃避地成了激进知识分子揭露与批评的对象。一些知识分子和新闻记者专以揭露他们各种丑闻和黑幕为职事[①]，对这些被称为镀金时代的"强盗男爵（robber barons）"的财富寡头和大亨形成了巨大的舆论压力。

许多美国的第一代富豪在他们的晚年选择了慈善事业，把

---

① 这些揭露丑闻和黑幕的行动被称为"muckracking"，国内有人将其直译为"扒粪"，虽然不雅，却颇合英文原意。

他们的大部分财富捐赠给了各种社会公益活动和机构，在很大程度上可以说是对进步主义运动的一个积极正面的回应，以及对该运动所体现的平等观念的认同，而他们的慷慨善举又为后代树立了榜样。比如，石油大王洛克菲勒捐建了著名的芝加哥大学和洛克菲勒大学，又于 1913 年出资 1000 万美元创办了当时最大的私人基金会——洛克菲勒基金会，用以支持各种公益事业，其宗旨是促进人类的福祉。钢铁大王安德鲁·卡内基则用他的财富在全世界捐建了近 3000 所公共图书馆、多个卡内基艺术中心、卡内基—梅隆大学、著名的海牙和平宫等，并创办了卡内基基金会。他还留下了一句让人们永远铭记的话："把财富带入坟墓者死得耻辱(He who dies rich dies disgraced)。"

有了第一代富豪做出的榜样，又有美国文化的持续影响，以及税收制度的奖惩规定(除了遗产税法以外，慈善公益捐赠可以享受不同额度的所得税的减免)，使许多美国富人选择了把财富捐赠给社会，而不是留给后代[1]。于是越来越多的财富在创业者辞世之前变成了社会资产，服务于各种公益慈善事

---

① 必须强调的是，慈善公益捐赠在美国是一种社会美德与风尚，而不是富人的专利。据统计，75％的美国人为慈善事业捐款，每个家庭年均约 1000 多美元。2003 年美国人均捐款 828 美元，占当年国内生产总值的 2.19％。美国的几乎每一所大学都有由校友捐建的基金，用于教育科研奖助。一些名校的校产基金简直富可敌国。除了捐款，美国人还为社会提供大量的义务服务。在美国，13 岁以上人口中的 50％每周平均志愿服务 4 小时(《天灾过后我们如何慈善》，东莞日报数字版，2010-6-16，A09版)。

业,造福于社会大众,捐赠公益和慈善成了许多巨额财富的归
宿。① 比如,当今美国和世界首富比尔·盖茨夫妇就立下遗嘱,
除了给自己的 3 个孩子每人留下了 1000 万美元和价值 1 亿美
元的家族住宅外,其余价值 400 多亿美元的财富,要在有生之
年,全部捐献给社会。 到目前为止,他们已为慈善事业捐赠
了 256 亿美元。 他们名下的基金会是世界上最大的基金会,
已为亚非发展中国家提供了大笔资金用于当地疾病的研究和治
疗,另外还向美国的贫困家庭提供了多种形式的捐助。 世界
富翁排行榜上名列第二的美国银行家沃伦·巴菲特,也已写下
遗嘱,要将总值约 305 亿美元的个人财产的 99%捐给盖茨夫
妇的基金会,用于慈善事业,为贫困学生提供奖学金,以及为
计划生育方面的医学研究提供资金。

在美国,财富捐赠以造福社会大众的观念已非常深入人
心。 所以,2001 年当布什政府提案要取消遗产税时,盖茨、
巴菲特、乔治·索罗斯、洛克菲勒兄弟等一批著名富豪立即联
名写信反对。 其理由是:遗产税是对大量集中的财富和权力
一种切实的、民主的约束。 废除遗产税将扩大富人和普通美
国人对经济和政治的影响力的鸿沟,只能使美国百万、亿万富
翁得利,而损害那些入不敷出的穷人。 他们中 120 人还向国

---

① 关于美国的公益慈善捐赠和各类基金,资中筠的《财富的归宿:美国现代公益基金会评述》(上
海人民出版社 2006 年版)有非常全面和详尽的研究,有兴趣的读者可以参阅。

会请愿，反对这一提案。 而巴菲特则公开批评这个提案破坏
了美国赖以建国的社会基础，那就是凭个人贡献而不是凭家世
致富。 他说，以保留遗产刺激创业就像挑选冠军的儿子参加
奥林匹克运动会一样错误而荒唐。[①]

　　财富一旦捐给慈善公益基金会，就成了永久的社会资产，
服务于社会公益与慈善，完成了财富社会化的转换。 这样的
转换必然会加速现代企业产权向多元化和社会化的转化。

　　本部分对产权革命驱动因素的讨论，虽然讨论的是美国的
情况，但这些因素并不是美国的特产，驱动其他发达国家产权
变革的因素也不外乎这些方面，只是各国的情况会各不相同，
这些因素的相对驱动力量会有所差异罢了。 这些因素是经济
发展和各种社会交往关系发展的必然产物，从这个意义上说，
我们有充分的理由相信，发达国家产权制度的演变代表的是全
球的趋势，它展示了发展中国家产权制度的演变方向。

---

① "Rich Americans back inheritance tax", BBC, Feb. 14th 2001.

第四部分
现代企业的发展和治理

■ 现代公司制企业是推动现代经济持续发展的火车头。与私人家族企业相比,现代公司制企业在两个关键领域存在明显的优势,一是企业的创新与创新推广能力,二是企业的风险控制能力。

■ 研究表明,股权分散的美国企业比股权集中的德日企业更有创新优势。

■ 现代工业企业在创新技术的产业化与市场推广上具有更加明显的优势。大量中小企业的技术创新是通过现代企业的并购整合,而成功走向市场乃至全球的。因此现代企业的存在构成了国家创新体系的重要环节。

■ 现代大型企业股权分散而且多元,重大决策都必须经由董事会充分讨论和民主表决。这有利于控制风险,避免重大决策失误,从而保证企业的持续稳定成长。

■ 二战以后,由于经济社会及政府立法等各种因素的推动,机构投资者管理和控制的资产急剧成长。比如,做为一个整体,机构投资者现在已经掌控了美国全部上市公司 60％以上的股权。这些机构投资者如何有效行使替身所有者的职能,已成为公司治理和现代企业发展的至为关键的因素之一。

■ 机构投资者的"股东积极主义"旨在为增进股东的财富而寻求改善公司的治理结构。其做法包括提出公司治理原则,对经营不善的公司提出改进提案,诉诸社会公众和政府来关注公司治理,并游说和推动立法机构修法来改善公司治理。

在所有者缺位的情况下,现代企业又如何来保证它们的长期绩效呢? 或者说,所有者缺位是不是必然会导致企业低效而失去生存与发展能力呢? 从发达国家现代企业的发展现实来看,所有者缺位并未导致现代企业的消亡;相反,现代企业在发达经济中始终占据着主导和核心的地位。 之所以如此,是因为现代企业的产权安排为企业保留了必要的创新空间和有效的风险控制机制;而现代资本市场和产权经营行业的发展为现代企业提供了替身所有者和相应的规范治理机制。 当然，现代企业的这种存续和发展能力是一个动态的变动过程，需要在市场竞争中通过参与企业的不断博弈来实现；即使在现代发达经济中，这个过程没有、也不可能结束。

1　现代企业的发展优势：创新能力和风险控制

企业产权多元化和社会化必然导致企业产权的不明晰，即"所有者缺位"。 现代公司治理的问题由此而来，其核心是：如何使受雇于企业的职业经理人对企业的股东负责？ 这个问题自那时以来就一直是现代企业面临的一个根本挑战，也是推动现代企业不断演进和改善的一个重要动力。同样，这个问题也支配着学术界对公司治理的思考和政府各级立法机构对企业和资本市场的政策法规的制定。

与产权明晰的私有制企业相比，三权分离的现代企业存在一个根本弱点，即企业中没有人来对企业的长远和根本利益负责。 人们很容易会有这样的疑问：现代企业所有者缺位是否会导致企业效率低下，无法同纯粹的私人家族企业竞争？ 亚当·斯密在200多年前对股份制企业所做的观察和讨论就认为，股份制企业的经营者不是所有者，不会有很强的动机来事事处处为股东的利益考虑，疏忽和浪费在所难免，所以股份制企业的效率必然会低于纯粹私人企业。 他说：

> ……在钱财的处理上，股份公司的董事是为他人尽力，而私人合伙公司的伙员，则纯为自己打算。所以，要想股份公司的董事们监视钱财用途，像私人合伙公司伙员那样用意周到，那是很难做到的。有如富家管事一样，他们往往设想，着意小节，殊非主人的光荣，一切小的计算，因此就抛置不顾了。这样，疏忽和浪费，常为股份公司业务经营上多少难免的弊窦。"[①]

按照亚当·斯密的看法，所有者缺位的现代企业是无法同私人家族企业竞争的。 但是，综观 100 多年来的企业发展史，答案是否定的。 现代公司制企业尽管因股权的分散而出现"所有者缺位"，但它们始终在现代经济中居于主导地位，是推动现代经济持续发展的火车头。 这一事实本身就说明，现代公司制企业与私人家族企业相比，在经济发展中一定具有某种显著的优势。 正如詹森（Jensen）和麦克林（Meckling）在 1976 年的那篇研究现代企业的著名论文中说过的：

> 公众拥有的商业公司是一项令人敬佩的社会发明。在

[①] 亚当·斯密：《国民财富的性质和原因的研究（下卷）》，商务印书馆 1974 年版，第 303 页。

一系列界定了参与者权力的复杂契约关系的基础上，数以百万计的个人自愿将几十亿美元、法郎、比索等的个人财富交付给管理者管理。公司形式越来越多地被采用以及已有公司市场价值的增长表明：尽管代理成本与公司形式天然相伴，迄今为止，贷款人和投资者至少总体上仍未对结果表示失望。

······无论其缺点是什么，公司（这一形式）已经在迄今为止的市场检验中战胜了其他可能的选择。[1]

那么，与私营家族企业相比，现代社会化大型企业的优势表现在什么地方呢？ 这是一个复杂且有待深入研究的问题，此处我们着重强调的是，现代企业在两个关键领域存在明显的优势，一是企业的创新与创新推广能力，二是企业的风险控制能力。 下面我们分别来对这两个方面做具体讨论。

（1）现代企业的预算约束与创新能力

经典产权学派通常认为，真正的所有者才会真正关心企业利益；所有者缺位的企业必定花钱失控，称之为"软预算约束"，而软预算约束必然导致企业的低效。 的确，私人老板通常花钱精打细算，是好事；但从技术创新看，又可能是坏事。 真正的创新离不开高度的不确定性与投资的长期性；

---

[1]　詹森、麦克林：《企业理论：管理行为，代理成本与所有权结构》(1976)，载陈郁编，《企业制度与市场组织：交易费用经济学文选》，上海人民出版社 2006 年版，第 61 页。

由于太强调"眼见为实"的财务利益，私人老板在科技前沿上进行持续投资的动机非常薄弱，很少有几个私人资本控制的企业会多年如一日地巨额投资于前沿技术。相比之下，大企业的预算约束没有那么硬，用的是社会资本，是股东提供的资金，是资本市场融来的资金，因此更愿意提供创新的长期投入。某种意义上说，发达国家技术创新的活跃，和大企业的软预算约束有一定的关联；如果都是特别硬的预算约束，每一分钱都是自己拿的话，那么创新的动力肯定会下降。

钱德勒（Chandler）对现代企业做过这样的评论："现代产业企业对于创造当时技术最先进、增长速度最快的产业起到了重要作用。这些产业反过来又决定了本国经济中工业部门发展的速度，而工业部门则对于本国经济的发展和向现代城市工业转化起到了重大作用。"①钱德勒接着比较了现代工业企业与私营企业在企业经营和发展战略上的差别，来说明现代企业的比较优势。他说，私营企业通常更倾向于将收益作为红利分给股东，而不是将其用于开发新市场、用户新产品所需的大规模投资。许多案例表明，私营企业"更加看重红利，而非企业长远发展"；"确定收入而非资产增值往往是它们的目

---

① 可参阅小艾尔弗雷德·D.钱德勒：《规模与范围：工业资本主义的动力》(1990)，华夏出版社2006年版，第693—694页。

标"。 与此相反，现代工业企业的基本目标是基于长远发展
的长期利润。 长远发展指的是使企业生产能力和竞争能力得
到增长、工业资本得到壮大的发展。 正因为如此，现代企业
是推动国民经济发展的核心部门，它的发展决定了一国经济的
发展水平和竞争力，是现代企业"为现代工业资本主义的发展
提供了根本动力"。[①]

专栏 4.1

钱德勒论经营与战略

1962 年美国企业史专家钱德勒出版了《战略与结构：工业
企业史的考证》一书，开创了企业战略问题研究。钱德勒把战
略定义为"企业长期基本目标的决定，以及为贯彻这些目标所
必需采纳的行动方针和资源分配"；而把结构定义为"为管理
一个企业所采用的组织设计"。钱德勒在书中分析了环境、战
略和组织之间的相互关系，提出了"结构追随战略"的论点。
他认为，企业经营战略应当适应环境，即满足市场需求，而组
织结构又必须适应企业战略，随着战略的变化而变化。

当钱德勒开始研究美国企业组织的结构变化时，他发现自
20 世纪初以来，大企业的组织演变的主要特征是越来越多的企

[①] 可参阅小艾尔弗雷德·D.钱德勒：《规模与范围：工业资本主义的动力》(1990)，华夏出版社
2006 年版，第 693—694 页。

业采用多部门的组织结构,也就是管理学所说的事业部制或所谓的 M 型组织结构。这是一种"分权"的组织结构。为什么美国企业会从原来的简单直线职能结构向这种新的、多部门结构转变?钱德勒通过对最先发明了多部门结构的杜邦公司、通用汽车公司、新泽西标准石油公司和零售商业的西尔斯公司的研究,回答了这个问题。

钱德勒的研究发现,多部门结构的产生和扩散是因为它能更有效地协调大规模的生产和分配。更为重要的是,多部门结构比简单的直线职能结构优越,因为它把负责企业总体发展的总部高层经理从日常的经营活动中解脱出来,去专注于关系到企业长期增长和健康的战略问题;而把企业日常的运营和管理(经营)交给事业部的总经理们去负责。这样,就使现代新型大企业在面临新的市场机会时能及时做出充分评估,制定相应的战略,迅速调动必要而充分的资源,并根据市场要求来调整企业结构,以抢占市场先机,实现企业"战略性的增长"。

钱德勒的研究给我们一个非常重要的启示:对于现代企业来说,虽然战略和经营都很重要,但从企业的长远发展来看,战略性的增长尤为重要。而企业拥有完整独立的战略决策权则是它能成功把握机遇、及时实现战略性增长的首要前提。

　　另一些研究者通过对美国和德国、日本企业的比较，发现股权分散的美国企业比股权集中的德、日企业更愿意尝试高风险的项目，也更具有创新优势。 研究人员认为[①]，德国和日本的企业与美国的企业相比，不如后者有动力，原因是德、日企业股权股东集中，其治理机制的核心目的是稳定性；但是，现在有更多的证据表明，这种稳定性在今天并非优点，因为全球竞争迅速的技术创新对创新和灵活性的评价要远高于对稳定性的评价。 同样，德、日企业通过债务直接控制企业的内部人模型鼓励企业在自己具有特长的领域实行高水平的固定投资，以巩固长盛不衰的地位；而外部机构投资者起主要作用的美、英企业模型对于改变和建立新企业可能具有优势。 进一步说，在财务和经济风险比较高的新兴产业，有关信息不确定，在资本市场融资比较有利；反之，在市场比较成熟、创新和不确定性比较低的产业中，银行融资具有比较优势，因为银行可以在不同公司之间监控和分散风险。[②]我们知道，美国公司以股市融资为主，而德、日企业以银行控股为主。 也就是说，股权社会化程度高的美国现代企业比股权集中的德、日企业更有

---

　　① 参阅 Mayer Colin,"Corporate Governance, competition and performance", OECD: Economic Department working papers, No. 164, 1996; Allen, Franklin and Gale, Douglas M. ,"A Welfare Comparison of the German and U. S. Financial Systems", 1994；李维安、张俊喜主编：《公司治理前沿　第一辑：经典篇》，中国财政经济出版社 2003 年版，第 202 页。

　　② 可参阅戴维斯、斯泰尔(E. Phillip Davis & Benn Steil)：《机构投资者》，中国人民大学出版社 2005 年版，第 230 页。

创新优势。

更为重要的是，现代工业企业在创新技术的产业化与市场推广上具有更加明显的优势。 事实上，在新兴技术的研究与创新方面，中小企业始终是最为活跃的群体。 但是中小企业由于规模、组织、资金、品牌等多方面的限制，往往对于开发出的新技术的产业化与市场化心有余而力不足。 正是在这些方面，现代产业企业提供了替代。 大量中小企业的技术创新是通过现代企业的并购整合，而成功走向市场乃至全球的。就是说，现代企业的存在构成了国家创新体系的重要环节。

（2）现代企业的决策程序与风险控制

私人企业的优势是参加决策的人少，程序简单，拍板快。但是决策受私人老板个人偏好、个人情绪支配，冒险与赌性偏大。 而现代大型企业股权分散而且多元，个人或家族控股的情况很少，企业决策不可能由少数个人说了算，重大决策都必须经由董事会充分讨论和民主表决。 另外，被分散多元的股权结构所规定，现代企业管理强调制度的规范，企业任何领导的个人能力再强，也必须在制度规定的框架内行使权力；而企业内部则层层授权，凡事均需按流程逐级审批。 这样虽然决策速度会受到影响，但有利于控制风险，避免重大的决策失误，从而保证企业的持续稳定地成长。 20 世纪前半期，福特汽车公司与通用汽车公司的竞争是一个经典的故事，说明了不同的产权制度安排对企业的创新能力、战略决策、风险控制和长远发展的决定性影响。

在福特汽车公司与通用汽车公司竞争的前期，福特公司无疑处于领先和优势的地位，掌握着创新的锁钥。 1908 年，简便、耐用而且廉价的 T 型车问世，把汽车从富裕阶级的奢侈品变成了社会大众的消费品。 T 型车迅速占领并主导了大众车市场，获得极大的成功。 福特公司也迅速扩张，成为汽车行业的龙头。 1914 年，福特公司又创建了世界上第一条汽车流水装配线，大大提高了生产效率，降低了生产成本。 组装一辆 T 型车的时间从 12.5 小时下降到 1.5 小时。 当时福特公司雇用了大约 13000 名工人，年生产汽车 267720 辆。 而其他美国汽车公司雇用了约 66000 名工人，年产汽车 286770 辆，与福特公司一家的产量相当。

T 型车的成功使福特相信汽车工业在他手里已经发展到顶，他宣布公司从此只生产 T 型车。 他也确实是这样做了，在此后 20 年中，尽管面临越来越严峻的挑战和竞争，福特拒绝任何改变，T 型车无论是机械结构还是外观几乎没有改变。

拒绝创新的结果就是死亡。 T 型车在经历了汽车史上无与伦比的辉煌之后（20 年中总共生产了 1500 万辆）于 1927 年被迫停止生产。 不仅如此，福特公司也从此丧失了产业主导地位，日益衰败。①

通用公司比福特公司成立稍晚(1908 年)。 直到 20 世纪
20 年代初，通用公司和所有其他汽车生产企业一样，生存在
福特的阴影之下。 通用公司始终是一家股份公司，从来没有
像福特公司那样成为家族企业，公司的股权结构相对比较分
散。 在福特公司的巨大压力下，通用启用了斯隆来执掌公
司。 斯隆创造了新的管理模式，即被称为"M"型模式的分
权管理模式。 而在公司的经营战略上针对福特公司一成不变
的 T 型车，他提出了生产"适合每一个钱包和每一项用途的汽
车"的口号，在产品的用途、款式和档次上不断推陈出新，以
适应市场日益多样化的需要。 通用在斯隆的领导下，迅速赶
超了福特，成为美国最大的汽车公司。 汽车工业中许多重大
关键的技术创新，如电子自动点火装置，独立前轮悬挂系统，
自动变速系统等等，都是通用公司做出的。 表 4.1 反映的就
是这一时期福特与通用市场份额的消长变化。

什么决定了竞争的结果?

人们很容易把福特与通用竞争失败的原因归结于老福特的
保守顽固、刚愎自用、专断独裁。 这些无疑是对的。 但为什
么面临严峻的竞争，他仍然可以长期地我行我素，不思悔改?

① 刘昶:《从福特公司的个案看现代企业产权制度的演变》,载史正富、刘昶主编:《民营化还是社
会化:国企产权改革的战略选择》,格致出版社、上海人民出版社 2007 年版,第 37—49 页。

表 4.1　20 世纪初美国汽车工业的竞争

年份	产量(千辆)			年份	市场份额(%)		
	福特	通用	克莱斯勒		福特	通用	克莱斯勒
1911	40	35		1911	19.9	17.8	
1917	741	196		1917	42.4	11.2	
1925	1495	746	134	1921	55.7	12.7	
1929	1436	1482	375	1925	40.0	20.0	3.6
1933	326	652	400	1929	31.3	32.3	8.2
1937	837	1637	996	1937	21.4	41.8	25.4

资料来源：麦格劳，313。

著名经济学家德姆塞茨一语中的：

> 老福特之所以稳坐公司总经理之位，唯一的原因在于
> 那是他的公司。假如当时福特公司是一家公众控股公
> 司，那么，如此长期地允许他以统治为乐，就简直不可
> 想象。[1]

要改变这个状况，或者说，要避免这种状况，唯一的办法
是改变公司的产权结构。事实上，老福特的儿子爱德塞一直
在寻找方法试图改变公司的这种状况，但父亲的刚愎固执，让
他无计可施。他认识到对付父亲的独裁，唯一有效的办法是
改变公司的股权结构，因此他建议发行公司的股票，使公司为
公众所有。老福特的回答是他宁可把公司拆了，也不愿看到

---

[1]　哈德罗·德姆塞茨：《所有权、控制与企业：论经济活动的组织》，经济科学出版社 1999 年版。

那些投机者成为公司股东①。 这样，在汽车市场激烈的竞争环境下，福特公司只能无可挽回地败落下去。

另一方面，通用公司却没有困扰福特公司那样的家族独资、个人独裁问题，所以在激烈的竞争面前，可以迅速地改变经营战略和策略，选择提拔有能力敢于创新的经营管理人才，并鼓励和支持产品和技术创新。 所以它能后来居上，打败福特，在 20 世纪中期成为美国和全世界汽车业的龙头老大。

2 机构投资者的股东积极主义

上一部分已经讨论过，二战以后，特别是 20 世纪 70 年代中期以来，由于经济社会及政府立法等各种因素的推动，机构投资者管理和控制的资产急剧增长。 作为一个整体，机构投资者现在已经掌控了美国全部上市公司 60% 以上的股权，因此，美国企业最大股东的机构投资者如何有效行使替身所有者的职能，就成为公司治理和现代企业发展的至为关键的因素之一。

（1）从股东"消极主义"转向股东"积极主义"

但是，在相当长的时间内，机构投资者并没有积极发挥

---

① 彼得·科利尔、戴维·赫罗维兹：《福特家族传》,中国时代经济出版社 2004 年版,第 171—172 页。

其替身所有者的职能，而是一群消极的流通股东。 为什么
呢？ 这里有时间的原因，也有制度的原因。 在美国现代企
业的发展史上，从公司股权分散到机构投资者控股有一段时
差，大约是从伯利和米恩斯的 20 世纪 30 年代早期到德鲁克
的 70 年代中期。 到 70 年代初，机构在美国公司持股的比例
还低于 20%，不足以对上市公司形成控股优势。 公司经理
面对的是一大群分散弱小的股东，他们因此对公司握有不容
挑战的控制权。 另外，战后到 70 年代初西方经济持续繁
荣，使大多数公司都能获得稳定和高额的增长，并给股东很
好的回报。 公司经理们因此可以大权独揽，而不必太过担心
会有来自股东的挑战[①]。 如我们在第一章看到的，这个时期
也因此被许多学者恰当地称为"经理资本主义"时期。[②]

从制度安排上看，共同基金或养老基金的目标和绩效也不
是基于高风险的高回报，而是在确定的风险范围内实现预期的
投资收益目标。 根据这样的绩效要求，许多机构投资者以股
市的平均指数为目标，而不是力图去超过市场的平均表现。
因此，这些机构这样的绩效要求使机构的投资经理更注重不同
股票的投资组合，而不是去积极影响和改进具体企业的运作与

[①] 玛格丽特·M. 布莱尔：《所有权与控制》，中国社会科学出版社 1999 年版，第 301 页。
[②] 当然，这并不意味着公司经理可以为所欲为，不受任何制约。股东虽然分散弱小，但他们还是可以用脚投票来对经营不善的公司施压。

管理。 如布莱尔指出的："指数化投资基金的投资战略并不是依据它们投资所选中的公司的业绩，而是依据尽可能保持低交易成本和追逐整个市场的热点变化。 因此，它们是典型的更被动的投资者。"①

其次，长期以来，美国政府为了保护中小投资者的利益，对机构投资者的控股比例及参与公司治理设置了很多法律上的限制，鼓励它们在所投资的公司里只做消极股东。 如 1940 年的《投资公司法》对任一共同基金可持有一家公司股票份额做了严格限定，凡拥有 5% 以上股权或在公司董事会拥有一个席位的基金，就会被视为公司的"内部人"，在它出售该公司股票时会受到非常严格的限制。 而 1976 年的《哈特—斯科特—罗迪诺法案》（Hart-Scott-Rodino Antitrust Improvements Act）则要求共同基金在大规模投资一个公司时是完全被动的投资者。 同样地，养老基金也同样受到政府法规的制约。 如 1974 年的《雇员退休收入保障法》（ERISA）就有具体规定，使得根据这项立法成立的养老基金不能积极参与公司治理，成为"最看不见的"机构投资者之一。②

再次，机构的投资经理不像私募股权资本的投资经理，

① 玛格丽特·M.布莱尔：《所有权与控制》，中国社会科学出版社 1999 年版，第 141 页。
② 可参阅玛格丽特·M.布莱尔：《所有权与控制》，中国社会科学出版社 1999 年版，第 136—137 页；孟克斯、米诺：《监督监督人：21 世纪的公司治理》，中国人民大学出版社 2006 年版，第 146—148 页。

他们的收入报酬来自服务收费和佣金（共同基金的经理），或一般的薪酬（养老基金的经理），而不能分享投资的增值，因此他们在资产管理上没有私募股权投资经理的那种激励。另外，制约机构投资者发挥积极的替身所有者作用的原因还包括，参与治理的成本，以及因参与治理而可能导致股权流动性的丧失等等。所有上述这些制度因素都大大制约了机构投资者在企业中积极发挥替身所有者的作用。

从 20 世纪 70 年代中期开始，上述情况发生了变化。一方面，战后的持续繁荣被 1973 年的石油危机打断，西方经济从此进入了相当长期的滞胀阶段，这意味着股东和经理之间将从相安无事转入多事之秋。另一方面，机构投资者手中已经积累了足够多的资产和企业股权，它们已经拥有了足够的权力来影响公司的治理，而它们持有的公司股权比例已经使它们"用脚投票"的成本越来越大。德鲁克的"养老基金社会主义"似乎宣告了一个新的时代的到来。赫尔曼 1978 年的研究①已经注意到机构投资者日益增长的力量。他说，虽然机构投资者通常是一个消极的股东，但是，因为其在股市上的规模，它们已经可以并且确实开始对公司治理发挥着重要的甚至是决定性的影响。进入 80 年代以来，机构投资者，特别是其

① 可参阅赫尔曼(Edward S. Herman)：*Corporate Control，Corporate Power：A Twentieth Century Fund Study*，Cambridge University Press, 1981。

中的退休养老基金，作为公司美国（Corporate America）的最大
股东，在美国公司中已经持有如此大的份额，使得它们股市资
产的流动性大大降低，为了确保其受托人的利益，它们不能再
满足于做消极的投资者和持股人，不得不开始关心和参与它们
所投资公司的经营和治理①，这对公司经理的地位和权力形成
严峻的挑战。如许多观察者和研究者所注意到的，经理人资
本主义于是开始让位于我们在第一部分讨论过的、所谓的"投
资商资本主义"或"信托资本主义"②。

机构投资者对公司治理的积极影响和参与被称为"机构投
资者的股东积极主义（Institutional shareholder activism）"。股东
积极主义通常被定义为："监督公司并试图改变那些被认为是
没有努力去追求股东财富最大化的公司的治理结构。"③在美

---

① 如一些经济观察家和学者所说，现在像养老基金这样的机构投资者已经不大可能大量出售公
司的股票而不导致股价下跌从而损害本身的利益。既然养老基金无法用脚投票，它们就必须关心公司
的运作（Michael Useem, 19—20）。德意志银行的创始人 Georg Siemens 在 100 多年前说过的话："If one
can't sell, one must care[如果你不能出售,你就必须关心]"（德鲁克,282）。现在常被人们用来说明机
构投资者股东积极主义的原因。

② 关于信托资本主义的讨论,可参阅 Hawley and Williams（2000）：The Rise of Fiduciary Capital-
ism：How Institutional Investors Can Make Corporate America More Democratic, University of Pennsylvania
Press。

③ 与股东积极主义旨在增进股东利益的目标相区别,还有一种"社会积极主义"（social activ-
ism）。这种积极主义以道德和社会政治目标为诉求对公司的经营施加压力,迫使公司在各种社会议
题上,如环保、公共健康、种族平等、妇女儿童权益等等,做出妥协和让步。一些研究者认为这种社会
积极主义常常会与股东利益相冲突,甚至损害股东利益（Barber, 2006）。这两种积极主义虽然看上去
明显不同,但在很多时候是相通和相互支持的。本章的讨论主要关心的是股东积极主义,但我们后面
将会看到,在股权社会化的大趋势下,股东积极主义必然会与社会积极主义并肩携手,结成统一战线。
可参阅 Smith, Michael P., "Shareholder Activism by Institutional Investors: Evidence from CalPERS",
The Journal of Finance, Vol. LI, No. 1, March 1996。

国，机构投资者的股东积极主义发轫于 20 世纪 80 年代，到 80 年代中后期已经蔚为大观，成为改变公司美国面貌的一个重要推动力量。 尤辛（Useem）在他的《投资商资本主义：基金经理正在如何改变公司美国的面貌》[①]一书中为我们勾勒了这个变化大势：

> 80 年代末至 90 年代中，经历了广泛的公司重组。1980 年美国 500 家最大的制造企业，到 1990 年有 1/3 已不是作为一个独立的实体而存在，《财富》500 家企业的雇员从 1980 年的 1600 万人下降到 1990 年的 1200 万人，1/3 的企业接受了对手的收购，2/3 采取了反接管措施，500 家最大的工业企业已减产 50%。

> 孤立地看，每一个事件都受到管理个性与商业挑战的影响；但是，总的看，经理的更迭、企业摩擦、集团联合也有其社会背景。共同的异数是投资者权力的集中，数百个机构投资者——退休基金、银行信托、保险公司、赠与基金——在企业中积累了巨大的份额，在 90 年代，他们学会将他们的经济主权转换为政治主权。通过收购威胁、代理权斗争、和平协商，投资商已经掌握了如何施加压力的艺术。

---

① 关于"投资者资本主义"的概念与历史内涵，参阅 Michale Useem：*Investor Capitalism：How Money Managers are Changing the Face of Corporate America*，NY：Basic Books/Haper Collins, 1996。该作者是沃顿商学院教授，也是"投资者资本主义"这一概念的创造者。本段引文摘录自该书引言第 2 页。

德鲁克告诉我们，在公司美国所有这一切动荡变化的后面，最重要的推手是养老基金的崛起。①为什么呢？这是因为，

> 如果没有那些握有集中表决权的养老基金，没有这些养老基金对敌意收购者的支持，大多数的收购者根本就不会提出收购的动议。一个收购者如果要从上百万分散的个人股东那里得到支持，就是用完他的时间和金钱也办不到。

养老基金之所以支持 20 世纪 80 年代美国的公司兼并、收购、接管浪潮，是因为它们对许多公司的平庸表现失去了耐心。但是，德鲁克也指出，兼并和收购是"非常极端的外科手术"，虽不至于致命，却会对公司造成深度的震荡。只有很少几个公司在收购和兼并后的几年里表现得比原来好，而支持兼并和收购的养老基金从中得到的并不如它们希望的那么多。

于是，到了 20 世纪 80 年代末，"收购市场迅速萎缩，近乎崩溃。因为机构投资者意识到收购兼并的负面作用，开始寻求新的途径和手段来影响和改善公司的绩效，股东积极主义就是在这个大背景下走到历史的前台，成为机构投资者这一公司美

---

① 德鲁克:《现代管理宗师德鲁克文选(英文版)》,机械工业出版社 2005[1998]年版,第284—285 页。

国的新主人行使其所有者权力的主要方式。 从 20 世纪 80 年代中期开始，机构股东提出的公司治理性措施大幅度上升，从此一发而不可收。 经过多年的持续努力，股东积极主义改写了公司美国的游戏规则，成为美国公司治理的主导力量"[①]。 尤辛对这一具有里程碑意义的转变是这样评价的：

> 如果说在本世纪初家庭资本主义原则主导了工业化，本世纪中期管理资本主义的概念上升到主导地位，那么，到本世纪末，投资商资本主义的新规则正开始流行……
>
> 尽管经理资本主义时代允许经理在广阔的空间内确定他们的地位，投资商资本主义时代却不是如此。经理资本主义允许经理忽略他们的股东，承担了除股东价值之外的大量目标，投资商资本主义却不是如此。为了改变经理与所有者之间的权力平衡，投资商资本主义结束了不受约束的经理垄断的时代。公司现在不仅需要内部管理，而且需要外部投资商的管理。（同上，引言：12）

（2）股东积极主义的实践

机构投资者的股东积极主义是指增进股东的财富而寻求改善公司的治理结构。 为了达到这一目的，它们首先要确立一个

---

① 2002 年 6 月号的《财富》(Fortune)杂志封面故事中甚至出现了这样耸人听闻的口号："全世界的投资者联合起来；现在得仰仗机构投资者来修理公司美国了(Investors of the World Unite. It's up to institutional owners to fix corporate America)"。

公司治理的标准。 在 20 世纪 80 年代中期，一些主要的机构投资者都相继提出了它们的公司治理原则，作为对它们的投资组合公司(portfolio companies)的要求。 这些公司治理原则尽管在细节上会有一些差别，侧重点会稍有不同，但基本精神是一致的，那就是确保公司治理的结构和实践对股东负责，确保股东的权益不受损害。 不过，公司治理原则通常不是强制性的，而是建议性的。 因此，除了确立公司治理标准之外，进一步的行动就是对投资组合公司的更为积极的参与，甚至直接的干预。

这种更为直接的干预通常是针对那些同行业中经营不善、绩效低劣的公司，其目标是通过改善这些公司的治理和战略来增进股东财富的价值。 最常见的做法是在公司的股东年会上提交(或威胁提交)关于改善公司治理问题的股东提案。 典型·的股东提案包括：拒绝和削弱公司的毒丸计划[1]；废除冗长的董事会任期，以便选举新董事来取代；董事选举采取累积投票制[2]；出售公司；建立由独立董事组成的任命委员会或薪酬委员会；撤销表现差劲的首席执行官等[3]。 一旦一个机构确定

---

[1] 毒丸计划(poison-pill)是公司反收购的一种方法。
[2] 累积投票(cumulative voting)的方法：虽然给每个选民的票数与候选职位数相同，如要选 9 个董事，每个选民可领 9 张选票，但他可以把 9 张选票全部投给 1 个候选人，或任意个候选人。这样的投票法有利于少数积极的股东选出他们希望的董事。
[3] 可参阅戴维斯、斯泰尔(E. Phillip Davis & Benn Steil):《机构投资者》，中国人民大学出版社 2005 年版，第 230 页。及 Bernard S. Black: "Shareholder Activism and Corporate Governance in the United States", *The New Palgrave Dictionary of Economics and the Law*, vol. 3, pp. 459—465, 1998。

了要对一个公司做出股东提案，它会先私下同该公司的管理层谈判，说服他们在公司治理方面做出相应的改进。 如果目标公司采纳了该机构的建议，改进了公司治理，那么，正式的股东提案就没有必要了。 只有当目标公司拒绝机构的私下建议，正式的股东提案才会提交给股东年会付诸表决。

向经营不善的公司施压的另一个做法是把这些公司列入年度黑名单。 1985 年，为了更好地协调机构积极主义运动，21 个机构投资者发起成立了机构投资者理事会(Council of Institutional Investors，简称 CII)①。 从 1990 年开始，CII 就每年公布一个黑名单(Focus list)，列举经营不善的公司。 而机构股东积极主义的领袖，加州公共雇员退休体系(California Public Employee's Retirement System，CalPERS)，从 1992 年开始，也要每年公开列出一个黑名单，向经营不善的公司施压。 上了黑名单的公司自然会成为众矢之的，受到不仅是股东，而且是媒体和社会公众的注意，常常会很快收到要求改善治理的股东提案。

除了直接挑战公司的经理层，机构股东积极主义还诉诸社会公众和政府部门来关注公司治理问题，并游说和推动立法机

---

① 如今，理事会的成员已发展到 130 个，成员公司管理的资产总值超过了 3 万亿美元。

构修改不利于股东积极主义的法律和法规。 如 CII 就明确宣布它的宗旨是[①]：

> 教育理事会成员和社会公众关于公司治理的议题，并倡导从经理薪酬到公司董事选举等一系列公司治理问题上的严格的治理准则。

通过积极的机构投资者的不断努力，一些阻碍股东积极主义的法律法规终于得到了修改，而它们提出的一些公司治理的基本原则也被普遍采纳。 其中最重要的是，1992 年 10 月美国证券交易委员会的新规则取消了对股东结盟的限制；它允许股东可以就公司治理问题交流讨论、协调行动而不必得到证交会的批准。 另外新规则对公司提出了全面信息披露的强制规定，包括经理层的薪酬，以及其薪酬与公司绩效如何挂钩的有关政策。

专栏 4.2

全美教师退休保险基金

全美教师退休保险基金（TIAA-CREF）是世界上最大的退休基金之一，截至 2006 年 6 月 30 日它管理的资产达 3800 亿美元。2006 年 4 月全美教师退休保险基金被《财富》杂志列入美

---

① 引文摘自机构投资者理事会（Council of Institutional Investors, 简称 CII）官方网站，http://www.cii.org/。

国 100 家最大公司之一。

1918 年,卡内基基金会设立了全美教师保险及年金协会,这是一种面向教授的养老金制度。资金来源于卡内基基金会和纽约卡内基公司的联合拨款——包括最初 100 万美元的资助——以及后来参加机构和个人的不断付款。在它成立当年的年末,就有 30 家公共和私人机构加入进来。

全美教师保险及年金协会选择投资组合时,信奉那个时代的谨慎理财的观念,投资于政府、铁路以及工业债券。这使它经受住经济衰退的影响,旗下管理的资产从 1929 年的 1900 万美元增长到 1939 年的 10500 万美元。

1950 年,近 600 家机构参加了全美教师保险及年金协会,但基金面临着新挑战。养老金的目标是为投保人提供一生的保险,随着人们寿命的延长以及美元的贬值,基金需要新的投资战略。

为回应新的挑战,1952 年成立了高校员工退休权益基金(CREF)。基金投资于普通股,并提供不同年金选择,当时,这一管理退休储蓄收入的方式是激进的,但不久后为其他退休基金所仿效。

全美教师退休保险及年金协会在其扩展后的 53 年中(到 2004 年 12 月 31 日为止),其股票账户的年平均增长率达到 10.4%;其传统年金也在上述年份中向投保人支付了确保的利率,还加上了红利。

十多年来,在公司治理和会计改革还未成为主流议题时,TIAA-CREF就率先在这些方面做出了表率;它是少数每年召开年会、每年选举受托管理人的投资公司之一。

TIAA-CREF确定自己的使命是通过帮助退休金委托人获得金融保障来"促进教育事业,改善教师福利,推动其他慈善事业"。

TIAA-CREF是首批参与公司治理的机构投资者之一。20世纪70年代到80年代,公司治理活动主要集中于在企业收购和争夺企业控制权的情况下保护股东利益。TIAA-CREF率先反对如死手毒丸等反收购条款的滥用及管理者掘壕自保的措施。20世纪90年代随着市场泡沫的破灭,公司治理集中于董事独立性、董事会多元化、董事会结构、股东权利、期权会计和管理层薪酬披露等问题。最近,TIAA-CREF领导了董事选举的大多数表决运动。公司治理标准及其最佳措施是保护股东权利、确保管理层和董事会负责、促进公司业绩最大化的基本方式。

TIAA-CREF认为,公司治理标准要在两个目标间达到平衡——保护股东利益,同时尊重董事会和管理层有领导管理公司事务的职权。公司治理政策要保证董事会和管理层负责,坚持企业文化的诚信、加强企业领导的连续性、促进企业的长期发展及盈利。同时,治理政策要保护股东利益,警惕防范欺诈、破坏诚信和滥用职权的行为。

TIAA-CREF 在国内和国际层面上都积极提倡良好的公司治理原则和措施。TIAA-CREF 相信,如果一家公司的董事会和管理层采用了好的公司治理原则,那它就确立了正确的管理思想,由此强化了决定企业与顾客、员工、管理者和所服务社区关系的企业伦理文化。

资料来源:TIAA-CREF 官方网站:www.tiaa-cref.org。

(3) 股东积极主义的成效与局限

机构投资者的股东积极主义,除了吸引媒体和公众关注外,到底取得了哪些实际的效果? 它是否能够改进公司治理和经营绩效? 这是一个有待探讨的问题。

就实践过程而言,股东积极主义作为比较广泛的公司治理现象,发生只有 20 来年时间,观察的时段比较短,研究样本也比较有限,对这个运动进行评估时出现争议是难免的。[①] 随着时间的推移,公司积极主义的实践不断深入和扩展,研究者对它的评估有越来越多的经验证据,观察与分析的方法也得到改进,于是产生了较多积极评价股东积极主义的研究成果。

---

① 比如 20 世纪 90 年代为数不多的几项研究中,人们得出的结论是相差甚远的。Black(1998)认为,股东积极主义是否有效缺乏证据,而 Smith(1996),Beard 和 Sias(1997)等研究则报告说,股东积极主义对公司经营与回报有正面影响。

尤其是一些股东积极主义的领袖如加利福尼亚州公共雇员退休体系（以下简称"加州公休体系"）得到了众多关注与肯定。

2003 年，冈珀斯（Gompers）等用 24 种指标建立了一个公司治理的指标体系，这个指标体系把公司分为两个类型：授权股东的民主治理模式，如 IBM、杜邦（Dupont），及现任经理专权的独裁模式，如凯马特（K-Mart）、时代华纳（Time Warner）等。 他们把这个指标体系应用于投资者责任研究中心（the Investor Responsibility Research Center）在 1900—2000 年间所追踪的 1500 家样本公司，发现那些购买重视股东权利的民主企业的股票，并出售股东权利微弱的独裁企业的投资策略，取得了高于正常水平 8.5% 的年均投资回报率。 这一研究被克里默斯（Cremers）和奈尔德（Naird）的研究所证实。 他们发现机构控股比例高，并具有高度外部治理机制的公司的年均回报率高于平均水平 8%。 而奥弗查鲁瓦（Ovtcharova）在 2003 年的一份研究中也发现机构投资股权比例高的公司财务表现比机构股权比例低的公司每月要高出 60 个基点（basis point）。[①]

2006 年，加州大学戴维斯校区的巴伯（Barber）根据他的

---

① 以上研究可参阅 Gompers, Paul A., Joy L. Ishii, and Andrew Metrick, "Corporate Governance and Equity Prices", *Quarterly Journal of Economics*, February, 2003; Cremers, Martijn and Nair, Vinay B., "Governance Mechanisms and Equity Prices", *The Journal of Finance*, Vol. LX, No. 6, December 2005; Ovtcharova, Galina, "Institutional Ownership and Long-Term Stock Returns" (January 2003)。并皆转述于 Zanglein and Schlisserman："Pension Fund Capitalism: The Pension Revolution Wall Street Noticed", pp. 19, 21, N. Y. U. Review of Employee Benefits & Executive Compensation, 2004。

长时段研究，发表了关于加州公休体系的研究论文——《监控监督者：加州公休体系股东积极主义的评价》（"Monitoring the Monitor：Evaluating CalPERS' Activism"，该文得到了 2006 年度伯克利加州大学商学院的最佳论文奖）①。巴伯的论文分析了自 1992 年加州公休体系开始公布公司黑名单开始，至 2005 年 14 年间，总共 115 家上了黑名单的公司的表现及对股东价值的影响。他用系统而扎实的数据证明，在这 14 年中，加州公休体系的股东积极主义增进了这些公司全体股东的价值，实现的价值增长达 31 亿美元，也即每年 2.24 亿美元。另外，他认为加州公休体系的股东积极主义也增进了这些公司长时段的资本回报，估计其数额可能高达 895 亿美元。除了这些可以观察到的价值回报外，巴伯说关于股东积极主义的研究可能都低估了股东积极主义的贡献，因为积极主义的机构通过私下谈判而改善了目标公司的治理，从而实现的股东价值的增长，是很难确切估计的，通常被研究者忽略。

专栏4.3

加州公共雇员退休体系

加州公共雇员退休体系（California Public Employee's Re-

---

① 这是该中心 1996 年设立的关于企业责任和社会投资方面的研究奖项，以马科维兹(Moskowitz)命名。

tirement System，CalPERS，下文简称"加州公休体系"）根据加州法律于 1932 年成立，最初只为加州政府雇员提供退休保险。1939 年，这项计划也开放给公共机构以及各类学校雇员参加。1962 年与 1967 年，加州法律授权加州公休体系为其成员提供健康保险。

截至 2006 年 6 月 30 日，加州公休体系为近 150 万加州公共部门的在职与退休人员及其家庭管理养老金和健康保险，其中，在职人数为 1048895 名，退休人员 441277 名。系统成员中，来自政府、学校以及其他公共机构的各占 1/3。管理的资产总额达 2235 亿美元。这些资产 60% 投资于股市，17% 投资于房地产，其余为现金或固定收益的债券等。从 1985 年到 2006 年的 21 年中，基金从 327 亿美元成长到 2082 亿美元。

基金的董事会由 13 名董事组成，其中 6 名由选举产生，3 名由州长任命，另外 4 名为法定指名的董事。2006 年基金本身的雇员人数为 1924 名。基金 2005—2006 财政年度的行政支出为 2.5 亿美元。

下面的两个表反映了基金的最近至 2006 年的资产收入状况，以及基金的增长和投资回报率。

十个财政年度的收入(1996—2005 年)

年 份	成员缴款	雇主缴款	投资及其他收入
1996—1997	1379743571	1986282287	20455866430
1997—1998	1443232566	2289526403	23518904869
1998—1999	1522507527	1598316666	17622526922
1999—2000	1751290172	362614344	16582657910
2000—2001	1766256113	321618826	−12248341399
2001—2002	2154742532	800964553	−9699792798
2002—2003	1887925497	1925043858	5482731568
2003—2004	2266445429	4261347422	24272572596
2004—2005	3176781000	5774120000	21894201000
2005—2006	3080878521	6095029424	20842816432
合 计	20429802928	25414863783	128724143530

资料来源:加州公休体系网站(www.calpers.org)。

基金成长与回报率(1985—2005 年)

年份	年末基金资产(亿美元)	年度回报率(%)
1985	327.00	28
1990	575.00	−0.8
1995	969.00	25.3
1996	1080.00	12.8
1997	1282.00	19
1998	1506.00	18.5
1999	1719.00	16
2000	1652.00	−1.4
2001	1518.00	−6.2
2002	1338.00	−9.5
2003	1614.00	23.3
2004	1828.00	13.4
2005	2009.00	11.1

资料来源:同上表。

　　值得关注的是，一些大型的养老基金和机构投资者，因为它们所管理的巨额资产和它们在公司美国中普遍持股，已经成了所谓的"普遍所有者"（the universal owner）。它们的利益不再仅仅与它们投资的这个或那个公司及产业有关，而是同一个社会经济整体的健康发展密切相关。这些普遍所有者的股东积极主义倾向于从社会的长远目标出发来做出有益的决定，而社会整体已经并正在从它们的积极主义中受益。两位学者把普遍所有者定义为："一个大型的受托机构，因其资产规模或资产投资战略而拥有所有产业的上市公司的股权。这一机构拥有1500至4500种不同公司的股票①，从这个意义上说，拥有了整个经济。"②普遍所有者的经济利益因此与社会整体的长远利益息息相关、联为一体。这导致了两个结果：其一，"与经济整体一样，普遍所有者将从个别公司的活动产生的正面外部性中受益，而从公司的负面外部性中受损"；其二，"普遍所有者因此成为一个准公共政策的角色，它的经济利益取决于社会整体的长期健康和福祉"。③普遍所有者因此成为公共政策的倡导者，它们关注会影响股市和宏观经济表现的一系

---

　　① 例如，1991年忠诚企业的投资分散于2300个公司，Aetna分散于2400个企业，加州公休体系分散于3500个公司（尤辛，1999［1996］）。TIAA-CREF投资于67个不同的产业共4600个公司的股票中。

　　②③ 参见 James P. Hawley and Andrew T. Williams, "Universal Owners: challenges and opportunities", *Corporate Governance: An International Review*, pp.415—420, 2007。

列公共政策问题，诸如公共健康、教育、职业培训、公司信息披露和环境等等。"股东积极主义"和"社会积极主义"在它们身上合二为一了。 这一发展也是股东积极主义的一个重大趋势和重要成果。

虽然股东积极主义的实践对公司治理规则和经营环境产生了广泛而持续的影响，但是，这些影响总体上存在着重大局限。 首先，面对投资组合中的众多企业，机构投资者一年要为数千个议题投票，它们对每个具体公司的具体议题应如何投票、如何解决，缺乏足够实践、精力与资源来进行研究与判断；在绝大多数情况下，机构投资者提出的提案是已经在其他公司提出过的，而不是为特定公司准备的。 其次，除了付出的努力有限以外，股东积极主义的另外一个显著的问题是，只有很小一部分机构真正投入了这个运动。 我们知道，机构投资者并不是一个整体，成千上万个机构各有自己的利益、自己的经营宗旨，自己的资源和约束，不可能在公司治理上采取一致行动。 其中公共养老基金通常是积极行动派，而投资公司或共同基金则主要充当中间派，公司的私立养老基金一般都不活跃。①结果是，我们很少看到机构投资者之间的协同行动；相反，每个机构投资者都倾向于单打独斗，几乎没有两个机构会

---

① 关于不同性质的机构投资者的不同表现,可参考 Blair(1995)、Monks 和 Minow(1996)、Useem (1996)的更为具体讨论。

在同一年里对同一个公司发难。^①更为复杂的是，不同的机构不仅不喜欢联合行动，而且为了各自不同的利益，它们甚至会在具体问题上持对立的立场。 比如，尤辛发现，"大多数公共养老基金赞成每项反对管理部门的措施，多数公司养老基金反对这些措施，而投资管理者或共同基金处于两者之间"^②。基于上述种种原因，机构投资者的股东积极主义虽然对企业管理产生了某种程度的压力乃至推动，但基本上还是站在企业外部，通过对公司董事会的参与而发挥作用。 因此，其功用只能是有限的。

（4）机构股东积极主义与现代企业的治理

那么，如何评价机构股东积极主义的实践呢？ 虽然这一运动尚在发展之中，虽然研究者们仍然存在不同看法，但是，我们至少可以看到两个基本事实：

第一，机构投资者作为终极所有者的"替身"，已经成为现代公司的顶层结构中不可缺少的组成部分；它在企业终极所有者缺位的情况下，代表了对企业管理层的某种平衡。 可以说，机构股东积极主义运动是三权分离的现代企业中，多元主体的所有者通过替身与企业经营层实现互动合作的体现；是对

---

① 关于美国机构投资者倾向于单独行动的原因，Black 和 Coffee（1994）在比较了英国和美国的机构股东积极主义后认为，除了法律上的障碍以外，还有如信息不完全、能力有限、高协调成本、对流动性的偏好、对投资经理不同的激励，以及所采取行动的收益不确定等各种因素。

② 参见尤辛（1999[1996]）。

那种不受约束的公司经理控制权的一种制度层面的结构性制衡。通过股东积极主义，机构投资者行使替身所有者的职能。对于长期以来主要依靠"公司控制权市场"（market for corporate control），即依靠股票市场的消极股东用脚投票来控制企业的市场机制来说，这无疑是一种更为积极的治理机制，它使分散弱势的股东有了用脚投票以外的、对公司施加影响的选择。①

第二，机构股东的积极主义已经显著改变了现代公司的面貌与顶层游戏规则。尤其是在其发祥地美国，股东积极主义已经大大改变了公司美国的面貌，从公司治理结构、企业经营的宏观环境、公司文化到社会公众对公司美国的看法。不仅如此，随着20世纪90年代以来全球化的迅速推进，越来越多的养老基金、共同基金投入了全球资本市场，股东积极主义和公司治理的新原则也因此成为那些国外受资公司必须考虑的标准。比如，加州公休体系就公布了公司治理的全球原则，成为近30年来股东积极主义发展的一个重要标志。

---

① 人们一般认为，"公司控制权市场"是美国公司治理机制的核心（Jonathan R. Macey and Geoffery P. Miller）。这一机制通过收购兼并、代理权争夺、直接购买股票等方式来实现对公司控制权交易和转移（Manne），但其缺陷是收购成本太高，只有当企业出现重大失败时才会采取这种办法（Schleifer and Vishney）；而Sundaramurthy认为"股东的监督可以成为控制权市场的一个极好的替代，并保护公司避免市场并购的昂贵成本"。以上观点均可参阅Zanglein and Schlisserman："Pension Fund Capitalism：The Pension Revolution Wall Street Noticed"，p. 21，N. Y. U. Review of Employee Benefits & Executive Compensation，2004。

2005 年，机构投资者理事会（CII）在回顾它成立 20 年来的变化时，做了这样的概括："自从它在 1985 年成立以来，机构投资者理事会鼓励它的成员基金运用它们的代理投票权、股东决议，来向立法机构施压，与公司谈判，并在必要时为保护基金的资产而诉诸法律诉讼。""理事会关于公司治理的原则与独立董事的概念曾经被看成是非常激进的，而现在已经成了主流的认识。 理事会当年主张的许多观点现在已经成了公司章程的内容、联邦政府的法规甚至联邦法律。 机构股权所有者（institutional shareowners）[1]比 20 年前有了更大的发言权。"[2]

尤辛在他的书里对这一方面变化的讨论则色彩更为强烈：

> 90 年代掌管美国最大的公司的高层经理们面对着与他们的前辈同样的挑战：重新思考战略取向、重新定位公司的产品、重新调整生产设计等等……然而与他们的前辈不同的是，高层管理人员现在面对的挑战又多了一重，即来自觉醒的、消息灵通的、高要求的投资者群体的挑战……对于今天的高层管理人员来说，与投资者的有效合作已成为取得进步与成就的重要技能。（Useem，1996：315）

---

① 2006 年 2 月 CII 政策委员会的会议决定今后理事会政策文件上一律用 shareowners 来代替 shareholders，因为理事会认为前者的涵义更确切（CII Corporate Governance Policies）。CalPERS 2007 年的公司治理原则文件中也采用了这个概念。

② 参见 http://www.cii.org/。

　　总之，在现代主流产业中具有核心地位的大型企业已经牢固地形成了三权分立的公司体系，在真实/替身所有者、董事会及经理层这三者之间的相互制衡，已经成为现代主流企业的共同规则这一事实再次表明：理论是灰色的；生活之树常青。在私有产权"神圣性"被所有者的多元化与社会化进程否定之后，历史又在释放着制度创新的能力，为"所有者缺位"的当代企业开辟出持续存在与发展的未来！

第五部分
从产权社会化看国企改革思路

■ 根据西方现代企业产权演变的趋势，我们需要思考的是基于产权社会化与所有者替身化的国企产权改革新战略。这个战略应该既有助于保持和增加国有企业的市场竞争力，又能够保证国企的财富造福全社会和实现全民共享，进而为社会主义和谐社会的构建提供持久永续的经济基础。

■ 目前国内对大型国企改革存在两种主要思路，一是民营化，二是由国资委来承担国企产权所有者。这两种思路在理论上都是源于对现代企业产权多元化、社会化演变趋势及其后果的认知失误。国企改革的正确思路和战略选择应该是产权资本化和资本社会化，改革的重点则应该落实在选择和培育有效的替身所有者。

■ 我们对国企改革的基本想法是，企业产权资本化,资本社会化,资本经营者多元化,具体做法是把国企产权转化为三种不同形态的社会化资本,即社会公益资本、国有股权资本和国家年金资本。这三类资本将由不同的产权经营者来管理经营,而资本经营的收益则通过不同的方式和途径实现全社会共享。

■ 国有企业的产权改革不仅涉及企业这个层面,更是牵动国家财富管理的全局。为了构建社会主义和谐社会的经济基础,我们不仅要通过国企产权改革建立起一个社会共享的产权体系,而且要以此为契机,创造一个中国特色的国家财富管理体系。

■ 我国现在正在经历的工业化和城市化,正在和将在短短的数十年内使几亿人口由农转工、离乡进城,由此导致的土地等资源的"原始增值",将会是一个难以想象的天文数字。世界大多数国家的发展,是先私有化和市场化、后工业化和城市化的道路,此种土地的原始增值因此基本上被私人独占。与此相反,中国的改革发展坚持了先工业化和城市化、再市场化和产权多元化的道路,这种土地等资源的原始增值主要归国家和社会所有。这些潜在国家财富的现实化,将为中国建成资产型公共政策体系,超越西方收入型的混合经济模

式,提供强大的物质支持;更为重要的是,将
为社会主义和谐社会的构建提供持久永续的
经济基础。

根据前述各部分,现代企业产权制度的发展趋势是产权多
元化、社会化与所有者的替身化。 因此,所谓"所有者缺
位"乃是现代大型企业产权制度自发演进的归宿。 根据现代
企业产权演变的趋势,我们需要思考的是基于产权社会化与所
有者替身化的国企产权改革新战略。 这个战略应该既有助于
保持和增强国有企业的市场竞争力,又能够保证国企的财富造
福全社会和实现全民共享,进而为社会主义和谐社会的构建提
供持久永续的经济基础。

1 现有改革思路的问题

目前关于大型国企的改革有两种主要的思路和主张。 一
是民营化,二是由国资委来担任国企产权的经营者。 这两种
思路都希望通过明晰产权来解决国有企业"所有者缺位"的问
题。 显然,这两种思路都是源于对现代企业产权制度演变趋
势及其后果的认识失误。

（1）民营化与现代企业产权的社会化趋势相悖

在主流产权学派看来，国企效率低下是由于所有者缺位，因此，解决国企效率低下的问题，民营化是必由之路。所谓民营化或私有化，是把国企产权通过承包、拍卖等途径转制为产权明晰的私营企业。这样的民营化对中小型国企还行得通，但对大型、特大型国企就行不通了。原因很显然，即民营化与现代企业产权社会化的趋势相悖。我们说过，现代企业产权的多元化、社会化是对经典私人所有制历史的扬弃。之所以如此，是因为私有制狭小的产权框架无法适应和容纳现代企业和经济社会生活中日益增长和扩张的各种社会化因素。大型国企的民营化必然会加剧私有产权安排与现代企业中社会化因素之间的矛盾和冲突，而与国企改革的目标南辕北辙。一方面，民营化不利于改革成果的社会共享，从而不符合国企改革的公平目标。另一方面，民营化企业在短期财务利益和长远发展之间通常更重视前者，这必然会削弱企业的持续创新能力，从而不利于提升企业的经济竞争力。

如前所述，在产权多元化、社会化的现代企业中，所有者缺位是题中应有之义。因此，要提高企业效率，不应缘木求鱼，片面强调产权明晰，企求所有者归位，而应该是为企业寻找有效的替身所有者。

（2）国资委无法承担作为国企产权的运营者的使命

自 2003 年国资委成立以来，国资委的改革思路与民营化
的主张虽然在政策层面上截然对立，但两者的理论前提都是从
主流的产权理论出发，希望通过明晰产权来解决国企所有者缺
位问题。 到目前为止，国资委出台的政策涉及国企的企业重
组、资本预算、利润分红、董事会建设及企业高层管理人员的
聘任等一系列企业的重大决策问题。 我们把这些政策统称为
"国资委新政"，并把这些政策所宣示的改革主张称为"国资
委化"。 国资委新政和国资委化的核心是，国资委把自己定
位为国有产权的运营者。 因为上述政策涉及的各项工作，在
发达国家的经济生活中都属于资本经营公司的正常职能。

但是，为其本身性质所决定，国资委不可能有效承担国有
产权经营者的职能。 原因有以下三点：第一，作为政府机
关，国资委是不能从经营产权的增值中分享收益的，否则与它
作为政府机构的本质属性相矛盾。 我们说过，替身所有者激
励的核心是分享受托产权的增值，从而使他们在很大程度上模
拟了真实所有者。 对国资委而言，放弃分享资本增值的激
励，如何解决其工作人员的动力问题，将成为一个重要问题。
第二，产权经营是一项高度专业化的工作，要求从业人员具有
非常专业的理论知识、不断学习的能力和创新意识，并长期参
与企业的治理。 这样的人才与出任政府官员所要求具备的素

质截然不同，不能靠行政任命，只有靠市场来筛选。 第三，产权经营所涉及的企业兼并、重组及重大投资都是高度机密并要求迅速决策的工作，必须限定在企业董事会的小范围内进行。 按照国资委目前的规定，若这些企业决策都要国资委来审批，其结果不是泄漏机密就是贻误机会。

有论者认为，国资委应该效仿新加坡的淡马锡公司成为大型国企的资本运营者。 国资委在给自己定位时，很可能有过这样的考量。 但是，中国大型国企的规模和数量巨大，加之包括的行业跨度非常广，世界上没有任何一个资本经营公司有能力可以运作。 若国资委成为国有产权的运营者，那么它给自己规定的将是一项在实践上根本无法承担的使命。

另外，国资委以政府机构的角色来行使资本经营者的职能，也必然会造成政企不分、官僚主义等弊端。 这只会加剧国企效率低下，不利于国企长远发展，而且会对国企经营者主权造成损害。

我们认为，在考量国资委的工作定位时，应该把产权经营与对产权经营的行业管理区别开来。 前者是指包括选择项目、产权投资、选拔董事、治理受资企业以及变现退出等高度专业性的操作。 而后者，即行业管理，则是指对产权资本这个行业法规政策的制定及产权经营者监管等宏观行为。显然，国资委这样的政府机构或许应该承担某种行业管理的职能，而不应该是国有产权经营的职能。 事实上，在资本市场和产权经营的行业管理这个领域，国资委是可以大显身手的。

综上所述，可知民营化和国资委化这两种思路和主张在理论上都是源于对现代企业产权多元化、社会化演变趋势及其后果的认知失误。 产权多元化、社会化是现代企业发展演变的大势所趋，而所有者缺位是产权多元化、社会化的必然产物。 据此，国企改革的正确思路和战略选择就应该是产权资本化和资本社会化，改革的重点则应该落实在选择和培育有效的替身所有者上。

2　替身所有者的选定

那么，如何使企业在所有者缺位的情况下仍能有效运作，保持旺盛的创新能力和竞争力呢？ 关键在于选择有效的替身所有者。 所谓有效，指的是这些替身所有者能像真实的所有者关心自己切身利益那样积极参与企业的治理，追求企业的发展、资本的增值。 那么，如何才能使替身所有者成为有效的产权经营者呢？ 关键是使它们的利害与真实所有者的利害相一致，做到利益共享，风险共担。 这涉及动力、压力及核算机制三个方面。

在动力方面，现代产权市场激励替身所有者去追求资本增值的方法，是让替身所有者按规则分享资本增值。 在古典企业中，资本的所有者与经营者是同一个，追求的是资本增值。但在资本所有权和经营权分离之后，替身所有者追求资本增值的方法就是让产权的经营者分享资本增值的利益。 目前按私募股权资本行业惯例，资本管理者可以分享全部资本增值额20%左右的利益。 也就是说，终极所有者把一定量的资本委托给替身所有者经营，经过一个时期，在确认了新增值的资本后，拿出新增部分的 20%左右奖励给替身所有者。 在这种机制下，替身所有者为了自身的利益，就必须实现全部资本的增值。 这样，替身所有者就模拟了终极所有者的利益追求，从而有效地行使了产权所有者的职能。

在压力方面，现代资本市场通过替身所有者之间的竞争，择优汰劣，保证替身所有者的素质。 现代市场经济下谁有资格替别人管钱、谁能管更多的资本，都由市场说了算。 一是自由创业，创办资本管理型企业的门槛很低；二是凭业绩说话。新公司市场通过两种方法选拔替身所有者：管理的资本通常很小，但随着业绩增加，就可以逐步扩大资金管理规模。 比如，美国著名股权资本公司华平投资集团（Warburg Pincus），在1971 年第一次募集基金时，只有 4000 万美元；而到了 2005 年的第九期基金，则一次募集了 80 亿美元。 为什么会有如此大的差别？ 是因为在过去几十年中各个基金收益的稳定，获得了日益增多的投资人的信任，规模因此越做越大。 也就是说，在选择有效替身所有者时，现代市场经济靠的不是"伯乐相马"，而是市场赛马！

在核算机制方面，现代产权市场奉行"现金为王"的原则。 对委托资本与回收资本的价值都是用现金形式核算，从而解决了产权价值评估的困难，保证了市场选择机制的有效性。 对产权经营者的动力与压力，都依赖于产权增值的确认与分配。 但是，实际的难题是如何核定产权增值。 不同的评估机构可以评出截然不同的结果。 而且，就算评得出"公允的"结果，那些实物资产对终极所有者也是没有意义的。 因此，在实践中，现代资本市场确立了现金为王的原则。 目前的惯例是，事前约定资本委托管理的期限，定期清盘。 期满时，必须把所投项目尽可能变现，变成现金或现金等价物。 然后按现金计算期末资产的价值，确定管理资本的增值额。 业绩好的产权经营者会得到奖励；而不能为所经营的资本带来增值的，或增值低于资本市场平均回报率的产权经营者就会被市场淘汰出局。

当然，要建立健康有序的产权经营者市场，还需要一个健全的法制环境和有效的政府监管。

3 基于产权社会化的国企改革战略

目前，我国以央企与省级国企为主，形成了由几百家产业骨干型特大企业组成的国有经济。 其企业数量不多，但规模庞大，控制了我国战略性产业部门与基础部门。 尽管民营与外资经济在我国的绝对规模已大大超过国有经济，但是国有经济在我国国民经济中的战略主导地位依然是显著的。 因此，国有企业的盛衰荣辱极大地影响着整个国民经济的发展。 同时，国有经济部门积累起来的资产与权益已经是一笔史无前例的财富；这些国有财富的保值、增值能力直接影响着国家强弱与人民的福利。 因此，我国国企产权的改革需要同时考虑经济效率与社会福利两个维度。 从效率入手，我国大型国企产权改革的战略目标应该是：建立一个可持续的有效国家产权资本体系，极大提升这些大型企业的经济竞争力，实现企业的长远发展；从社会福利角度，通过这样的改革，我们要进一步建设一个社会化的、多元共享的现代国家财富管理体系，为构建社会主义和谐社会提供强大稳固和持久永续的经济基础。 从这样的战略目标出发，改革可以超越公平与效率的二元对立，实现经济的持续增长和社会的多赢共享。

我们知道，西方发达国家中现代企业的多元化、社会化产权结构是建立在几百年经济社会发展和财富积累、庞大的中产阶级的形成，以及相应的制度和文化发展的基础上的。 中国没有资本主义经济发展的历史，也没有相应社会财富的长期积累，虽然 30 多年的改革和发展使我国的经济和社会财富有了迅速增长，城市中产阶层开始成长，社会养老保险体系也在逐步扩大，但是与西方发达国家相比，各方面的差距还是非常大。 中国和西方历史路径的不同以及发展水平上的差距决定了我们无法简单照搬西方现成的制度，而必须立足于我们自己的历史与现实，参照发达国家的经验来进行制度创新。

历史提供给我国的难得机会在于：我们可以不必像西方国家那样，从私有业主制开始逐步过渡到产权社会化，而是可以通过对大型国企的产权改革直接实现产权的社会化，并可以通过改革培育替身所有者和产权经营市场。 这样做，不仅可以保证我国国有企业全民共享、造福全社会的性质，还顺应了现代企业产权制度的长期历史趋势。

（1）国企产权转变为社会化资本的三种形态

从这一思路出发，我们对国企改革的基本想法是：企业产权资本化、资本社会化、资本经营者多元化。 具体做法是把国企产权转化为三种不同形态的社会化资本，即社会公益资本、国有股权资本和国家年金资本。 这三类资本将由不同的产权经营者来管理经营，而资本经营的收益则通过不同的方式和途径实现全社会共享。

第一，国企产权转变为社会公益资本。 即通过将国企中的股权配置给社会公益机构，使公益机构行使产权所有者的全部职能，并以股权红利和增值的形式来支持相应的社会公益事业；与此同时，国家财政可以相应调减对这些机构的年度财政拨款，或者拨款的增长率。 教育、医疗、科研、环保、文化艺术、社会福利、人道服务和公益慈善等公共事业是服务于社会最多数人的利益和需求的，这些公益事业在世界各国都不是全部靠市场运作来满足的，而需要社会捐助和公共财政的支持。 把大型国企的股权配置给这类公益事业单位，用本来就应归全民共享的国企利润来支持为全民服务、让全民受益的社会公共事业，是再理所当然的了。 这样的改革，一方面可以减少国家对公共事业部门的财政支出；另一方面，对原来依赖国家财政拨款的这些公益机构来说，也有了一项不受国家财政收支影响的、自主的收入来源，有助于它们从准行政事业单位变成真正独立的社会法人。 对全民来说，这是一次改革，永久受益；而获得股份的公益机构则成了企业的实际股东，持股企业的经营状况直接影响它们股权的收益和增值，因此它们有了切身的利益和激励去关心企业的经营和治理。 从培育竞争性产权经营行业的角度来说，这一改革的积极意义也是不言而喻的。

第二，国企产权转变为国有股权资本。 即将企业的国有股权通过合约方式委托给专业产权经营公司去运作，定期进行终止结算，对委托期的产权增值，由国家和产权经营公司按预定合同规则进行分配。 这样，国企中的国有资产变成了国有股权资本，其股权增值成为国家的财政收入；国资委考核产权经营者的资本管理能力，而产权经营公司代替国资委出任国企的股东和董事。

第三，将国企产权转变为国家年金资本。 即通过将国有产权出售变现为货币资本，再用货币资本对可以带来固定收入的资产进行投资，从而使国家财政增加一项由资产产生的稳定的收入来源。 所谓年金资本，是指能产生稳定现金回报的投资，回报率不求高，而求稳，即现金分红的稳定性。 能源、交通、电力、城市公用事业等基础设施正好符合这样的要求，可以成为国家年金资本投资的对象。 现在，国家要在这些部门引入民营化，理由是资金问题。 我们认为这个观点是有害的。 基础设施的回报率不能过高；如果过高，制造业企业的成本就会增高，导致国际竞争力降低。 现在，国家一方面出口退税，补贴工商企业；另一方面，又让基础设施自行定价，从水、电、路，到通信、能源，全面涨价。 其结果，不是自相矛盾吗？ 在国际竞争的环境下，国家支持自己的企业提高国际竞争力，是一个必要措施。 但是直接的财政补贴，不符合 WTO 的原则，时间长了必定会引起国际纠纷。因此，最好是把基础设施的收费降低，这样就等于企业得到了补贴。如果把产业企业的股本金卖掉，卖出来的现金转变成为投资基金；把这些投资基金用于投资和回购基础设施项目的股权；然后把这些设施通过招标委托给专业公司进行运营管理，那么，既可实现国有资本的保值，也可大大降低基础设施企业的使用成本。

当然，国资委为了直接了解国企经营状况，保证在关键时刻直接介入股权管理，也可以，而且应该直接持有国企少量股份。通过以上三个途径的转型，我们得出如下的多元化、社会化的国有/公共资本结构（见图 5.1）。

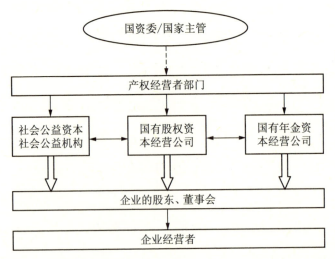

图 5.1　国资多元化、社会化战略的国有/公共资本结构

不难看出，这是一个多赢共享的改革方案。

首先，一方面它解决了大型国企产权的"在位者产权"问题[①]，使名义的国有产权转化为真正的社会化产权，而企业的经营收益则实现了最大程度的社会共享。另一方面，它又解决了大型国企终极所有者缺位的问题，为企业提供了各类有效的替身所有者。通过这样的改革，经营国企产权的各类股东，主要是机构股东，有了实实在在的财务利益来关心企业的经营并参与企业的治理。而改革后形成的企业股权结构的多元化、社会化，有利于公司治理结构的改善和优化。

第二，这一改革方案可以极大地减少国家财政支出，改善国家财政状况，降低国家财政系统风险。一方面，国家对教育、医疗、科研和社保等公益机构财政拨款可以大大减少；另一方面，对于教育、医疗、科研、社保等社会事业来说，这样的改革确保了它们的常年经费可以少受或不受国家财政收支波动的影响。而基础设施收费的降低又可以大大降低企业的生产成本，从而有效提高我国经济的国际竞争力。

第三，这一改革方案最大程度地体现了社会公平原则，保证了改革成果在最大程度上实现社会共享，进而为社会主义和

---

① "在位者产权"指的是国有企业实际上掌握在企业管理者手里这样一种状况，而企业的利润除了用于扩大再生产外，很大程度上被企业员工和经理层作为奖金和福利分享掉了。现在许多垄断型国企其员工的薪酬福利远远高于社会平均水平就是"在位者产权"的明显例子。

谐社会的构建提供强大稳固和持久永续的物质基础。

第四，这一改革将为陷入困境的教育、科研、医疗卫生等事业单位和机构的改革找到一个新的突破口和切入点，因为它必然要求这些单位和机构进行相应的配套改革，推动它们学习投资理财和产权经营，并参与企业治理。这样，大型国企改革就不仅仅局限于国企本身，而会带动更大范围的社会改革，实现更大范围的社会参与。这一改革不仅有助于这些事业单位和机构体制改革的深化，从更广的范围来看，它也必然有助于培育和提升社会的自我组织和管理能力，拓展社会的公共空间，促进科研学术的自由与繁荣，推动多元民主的现代文明与和谐社会的建设和发展。

总之，大型国企股权社会化的改革能带领我们走出目前国企改革面临的困境，将在中国打造出一批有活力、有效率，能在国际经济舞台上竞争并胜出的现代大型企业，并将推动一系列社会改革，扩大社会参与，实现多赢共享的目标，为构建繁荣和谐均富的社会、促进经济社会持续发展奠定坚实持久的物质基础。

（2）国企产权社会化改革的两种类型

当然，在具体实施过程中，国企产权的社会化改革，要从不同大型国企的实际情况出发。从我国大型国企的业务性质来看，大致可分为两类：一类是像中石油、中国移动、宝钢这样有明确主营业务的产业企业；另一类则是像中信集团、招商局集团这样跨部门、多行业投资控股型企业。对于这两类形态不同的国企，显然应该采取不同类型的改革方案。

第一，对于中石油、中国移动、宝钢这类主营业务突出的产业企业，产权改革的内容显然是按上述三个途径转变为不同的社会资本。假如一家产业企业的市场净值是 1000 亿元，则按社会化资本的三种形式各占三成计，就可分解为：约 300 亿元作为社会资本，配置给各类合格的社会公益机构，并且相应调减对这些公益机构的财政拨款；约 300 亿元委托给专业股权投资公司管理，追求其资本价值的长期增值；其余约 300 亿元股权变现为现金，再由国家年金资本经营机构购买可产生固定收入的基础设施类资产，使其为国家财政产生相对稳定的年金收入。

第二，对于跨部门多行业的投资控股型企业，其产权改革的内容是双重的：一方面，把企业经营的总部转型为专业的产权经营公司；另一方面，将其旗下控股的产业企业股权分别转型为公益资本、股权资本和年金资本，公益资本配置给公益机构，年金资本则用于收购能产生固定收益的基础设施或资产项目，而股权资本则委托给由原企业总部改造转型而来的产权经营公司经营。当然，这些产权公司经营的资本不会仅限于本企业转型而来的国有股权资本，而是也可以受托经营其他从国企转型出来的股权资本。

中信集团、招商局集团、华润集团这类属于跨部门的投资控股集团，在其公司总部之下，分别有不同行业的企业经营实体与团队。因此，改革办法可以使把总部转变成专业股权资本经营公司，再通过国资委把各个行业的产业资本签约委托其进行股权资本管理。以招商局集团为例，先将招商局总部和其经营团队改造为专业的产权经营公司，如招商资本管理有限公司；再将集团持有的招商银行、招商证券、招商基建、招商轮船、招商地产等控股企业的部分股权，评估后协商作价，作为国有股权资本签约委托给新成立的招商资本管理有限公司。国资委负责对其实施行业监督，而招商资本管理有限公司则对受托管理的上述股权及其他国企的股权资本自主进行产权的资本运作；委托期满（如 10 年）时，进行股权清算，并按委托资本的增值情况对招商资本管理有限公司进行奖励。这样，在实体资产转化为国有股权资本的同时，这类国企经营团队原来拥有的资本经营和运作的专业能力，由于引入资本管理行业的激励机制，将得到有效的发挥和放大。这类企业有望成为我国产权经营行业的龙头企业，为该行业在我国的崛起发挥主导作用。

（3）国企产权社会化改革的三个起点

显然，培育和发展产权经营行业，对上述国企产权的社会化改革至关重要。 按国企产权社会化的三种途径，要求国家把国有资本配置权委托出去。 第一，社会公益资本配置给公益机构后，这些机构便需要成立自己的产权经营机构来管理、运作并增值自己的资产；第二，国有股权资本要实现持续稳定的增长，离不开一个健康有效的产权经营行业；第三，国家年金资本在收购和招标经营年金资产时，也需要一个有效的产权经营市场。 可见，培育和发展健康的产权经营行业是上述社会化改革战略成功的关键。

由国企产权社会化改革推动的我国产权经营行业的发展有以下三个起点。

一是从原来投资控股型国企改造而产生的产权经营公司，这些公司因其资产规模、长期资本经营的经验，以及在行业中地位，有望率先成为本行业的规模化龙头企业，如前述招商局集团，以及国家开发投资公司、华润集团等。

其次，从获得国企股权配置的社会公益机构中，也会产生一批产权经营公司，如"清华基金"，"北大基金"，"中科院基金"等，来管理运作自己的股权资本。 当然，这会需要一个过程，不可能一蹴而就。 但是，根据发达国家的经验，这类社会法人控制的基金一定会成为产权经营行业中一支重要而活跃的力量，并为社会公益机构的健康永续发展提供稳定的财政支持。

再次，近年来从创业与私募股权投资中成长起来的本土私募股权公司，很容易把业务延伸到股权资本的整个领域，成为该行业的新兴力量。除此之外，也应允许和鼓励一定数量和规模的国外资本进入我国的产权经营行业，只要措置得当，它们的参与和竞争对我国产权经营行业的健康发展会起到积极的促进作用。关键是国家要尽早确立战略愿景和行业政策，加快这个行业的发育和发展。

4　国企产权社会化改革效果的总体匡算

为了对本书提出的改革思路及其效果有一个清晰的理解，对此项改革涉及的财富规模与财政效应进行大致的数量匡算是非常必要的。当然，下文设计的数值只是大略估计，并不确切，只为帮助我们形成一个概念框架。

首先，我们需要明确国企产权资本的价值总和。此处，我们考虑大多现有国企都已是上市公司或已将主营业务上市，因此不采用国家主管部门统计的"净资产"这一指标，而是采用资本市场惯常的"公司市值"作为估算国企产权价值的主体指标。依据这个指标，考虑相关动态调整因素，我们估算未来几年中，我国国企产权的市值在 50 万亿元左右。

其次，我们假设，改革之后的国企产权资本除国资委保留
10%外，其余在三种形态均分，具体为：国资委保留直接持股
10%，即 5 万亿元；社会公益资本持股 30%，即 15 万亿元；
国家股权资本持股 30%，即 15 万亿元；国家年金资本持股
30%，即 15 万亿元。

当国资委及国家现有持股机构将国有企业股份资本化，分
解到上述各种形式后，会形成什么结果呢？

社会公益资本：以股权形式配置给社会公益机构的产权价
值为 15 万亿元。简单起见，假设每家社会公益机构的平均受
资水平为 500 亿元，则需要具备国有资产经营权资格的社会公
益机构为 300 个；通盘假设这部分公共资产的年均收益为 6%—
8%，则年度收益总额为 9000 亿元至 12000 亿元。因此，即使国
家财政对这类机构的拨款相应减少至其资本收益的一半，年度
减少财政支出也将达到 4500 亿元至 6000 亿元之间。

国有股权资本：15 万亿国有产权转为国有股权投资资
本，委托给专业投资管理公司管理。若每家股权资本管理机
构的平均委托管理额为 100 亿元，则总体需要 1500 家此类管
理机构。可见这一改革将从本质上奠定我国投资基金管理行
业的物质基础。假设这些股权资本的年均成长率与国民经济
同步略高，为 10%，则每 7 年多的时间资本可翻一番。

国家年金资本：剩下的 30% 国有产权需要先变现，形成

15万亿货币资金，由此成立国家固定收入投资基金，用于收购和建设能够产生固定收入的基础设施类资产。由于这类投资涉及的单笔资金通常都特别巨大，且这类投资的经营模式比较简单，因此，对国家固定收入投资基金的经营者来说，既可委托给社会—市场型专业投资管理公司，也可以由国家直接设立的控股公司负责。考虑基础设施价格对国民经济整体竞争力的影响，不应以赢利为目的，而应考虑资金的影子成本与费用，故可把这类资本的年收益率定为5%，则由此产生的年度固定收入为7500亿元。与此同时，这些资产本身也将随着国民经济发展而持续增值。更重要的是，当国家年金资本将目前市场化的交通建设公用事业等基础设施收购后，发包给专业管理公司运营并把回报率降至5%时，每年将为实体经济部门减少相当大规模的资产经营成本。以高速公路为例。与目前高额收费相比，由国家年金资本收购后因降低收费，可为企业和社会节省巨额成本。当全国产权统一后，可以改为汽油加价，拆除收费站点，又可减少因停车付费所造成的能源、人工、时间、道路空间等多方面的巨额损失。因基础设施收费降低，不仅使全国企业生产成本降低、竞争力提高，也可以大大简化目前复杂繁琐的企业财政补贴系统。

总括起来，50万亿元的国有企业资产现在变成了15万亿元的社会公益资本、15万亿元的国有股权资本及15万亿元的

国家年金资本。 与此同时，国家年度财政拨款支出可减少
4500—6000 亿元，年度固定收入增加 75000 亿元，两者合计等
于财政增收 12000 亿元以上。 以 2011 年国家财政收入
39300 亿元来计算，这将达到国家财政收入的五分之一。 另
外，15 万亿元国有股权资本和 15 万亿元国家年金资本还将与
国民经济同步增长。

5　从国企产权改革到构建国家理财体系

上述分析已经表明，国企的产权改革不仅涉及企业这个层
面，更是牵动国家财富管理的全局。 事实上，为了构建社会
主义和谐社会的经济基础，我们不仅要通过国企产权改革建立
起一个社会共享的产权体系，而且要以此为契机，创造出一个
中国特色的国家财富管理体系，或国家理财体系。

这个问题涉及面广，意义重大，值得专题讨论。 此处只
做初步勾勒，作为深入研究的起点。

（1）我国国家财富的潜在价值规模之大，史无前例，举世
罕有

本章讨论的国企产权的财富价值，已然规模庞大。 但是，
相对于我国可以实现的巨大潜在财富而言，又可能只是其中一

个小部分。 这些潜在的财富，包括土地、房产、资源及市场准入权等，它们的价值与经济发展的水平，特别是工业化、城市化发展水平成正比。 不难想见，我国正在经历的工业化和城市化，正在和将在短短数十年内使几亿人口由农转工、离乡进城，由此而引发的对住房交通、科教文卫、休闲娱乐等的建设需求，以及由此导致的土地"原始增值"，将会是一个难以想象的天文数字。 西方和世界大多数国家的发展，由于进行的是先私有化和市场化、后工业化和城市化的道路，此种土地的原始增值基本上被私人独占。 与此相反，中国的改革发展坚持了先工业化和城市化、再市场化和产权多元化的道路，这种土地等资源的原始增值主要归国家和社会所有。 这是邓小平同志提出的中国特色社会主义模式带给我们的巨额"红利"，也是中华民族的幸运！ 这笔天文数字的潜在国家财富对中华民族今后长远发展的影响，怎样估计都不会过。

（2）上述潜在国家财富的现实化，将为中国建成资产型公共政策体系，超越西方收入型的混合经济模式，提供强大的物质支持；更为重要的是，将为社会主义和谐社会的构建，提供持久永续的经济基础

针对传统市场经济的弊端，西方发达国家建立了以宏观政策和收入再分配为基本补充手段的混合经济。 实践表明，在缺乏有效公共财富支持的情况下，混合经济陷入了难以摆脱的困

境。 收入再分配虽可缓解贫富差距，却导致诸如福利依赖、激励降低、税负高企等弊端；宏观政策虽有刺激需求的一时之功，但又容易导致工资刚性和经济滞胀。 可以设想，由于有了巨大国家财富的长期支持，我国政府就可以拥有强大的资产性政策工具，从而可以减少对单纯收入分配型政策的依赖，并有可能在实现社会公平和平等的同时，保证社会的活力和效率；在实现宏观经济稳定的同时，保证物价稳定和可持续经济增长。 因此，创建新型的国家财富管理体系，有效管理和使用这笔天文数字的社会财富，对中国建成超越西方混合经济体系的一种新型经济模式，对我们构建社会主义和谐社会具有极其重大和长远的战略意义。

（3）建立国家财富管理体系要求超越现行的公共财政框架

显而易见，上述国家财富管理体系的问题，比现行的公共财政概念远为深刻和宽广。 现行公共财政的基本内容是税收和预算支出，主要议题是收入和支出的规模、结构、流程及相关规则等。 而本章所说的国家财富管理，针对的是国有财富的运行和增值，主要议题则是资产和负债的管理。 如何扩展管理收支的公共财政框架，以整合资产负债管理的维度，创新形成中国特色的国家理财体系，不但是一个具有挑战意义的理论任务，更是一个建成中国特色社会主义的重大实践课题。

中国正面临着一个数百年难逢的发展机遇，如何把握这个机遇，取决于我们现在的选择，并进而影响今后几十年乃至上百年我们中华民族的发展走向。珍惜这个机遇，选择国企产权社会化的改革战略，我们就能在最大程度上团结和凝聚全社会的共识和力量，为构建社会主义和谐社会而努力。

附　录

附录 1　耶鲁大学捐赠基金

耶鲁大学捐赠基金（The Yale Endowment），简称耶鲁基金，是全美，也是全世界最大最著名的校产基金。耶鲁基金创办于 1822 年，以蒂莫西·德怀特（Timothy Dwight）教授捐赠的 27000 美元为其原始资产。经过长期的有效管理、持续捐赠和投资增值，截至 2005 年 6 月 30 日，耶鲁基金的净资产已经增加到 152 亿美元，在全世界所有大学中位居第二，仅次于哈佛大学。在过去的 100 年中，耶鲁基金平均每年为耶鲁大学的总预算提供了 33% 的资金支持，成为耶鲁大学长期发展、繁荣昌盛的重要金融支柱之一。

耶鲁大学"董事会"是学校的最高权力机构，也是耶鲁基金的最高领导机构。董事会下设的 10 个委员会中，有专门的投资委员会（Investment Committee），负责耶鲁基金的战略领导。对于耶鲁基金而言，投资委员会的作用就像董事会。耶鲁投资委员会于 1975 年成立以来，其委员就包括了非托管人，他们由有影响和有见识的耶鲁校友组成，其中许多人在资产管理业务的不同领域里非常活跃，具有良好的判断力，以咨询专家的身份来提供协助。委员会会议限制在每年四次，对不同的投资管理人提出建议、忠告以及最终的正式批准。此外，在一些关键问题上投资委员会也负责向投资办公室提供一些咨询和建议。

投资委员会下设投资办公室（Investments Office），负责耶鲁基金的营运管理。投资办公室需要向大学财务主管和投资委员会报告。

对于耶鲁基金而言，投资办公室的作用就像经理层。目前，耶鲁大学投资办公室拥有 20 名专业人员为骨干的精干员工队伍，管理着近 200 亿美元的基金；1985 年以来，投资办公室的首席投资官（chief investment officer）一直由美国投资界的传奇人物斯文森（David F. Swensen）担任。斯文森是 1980 年毕业的经济学博士，师从诺贝尔经济学奖得主托宾（James Tobin）；早年在华尔街崭露头角，1985 年应恩师之邀放弃薪资优厚的华尔街工作而返回母校，负起耶鲁大学的金融理财重任。

斯文森执掌耶鲁大学投资办公室后，发展起一套与众不同的投资管理模式。其核心是独特的资产配置，强调对于非传统的投资工具的运用，如包括大量地向类似私人权益资本（风险投资和购并）、实际资产（房地产、木材、石油和天然气）以及绝对收益项目等低效率权益市场投资；其机制则是以代理人问题的深刻洞察力为基础的投资经理选择机制。斯文森在管理耶鲁基金的同时，还担任耶鲁大学商学院的经济学教授。

　　投资办公室具体负责耶鲁基金的操作过程，从建立规范、有约束力的程序，到评估、选择、监管和检查外部投资顾问等日常活动。 它负责对投资政策和开支政策提出建议，为整体投资设计结构布局，为每一个组成部分确定投资目标和政策，选拔和指导投资经理人。 在斯文森20多年的执掌下，耶鲁大学投资办公室形成了独特的投资管理能力。 在对资产类别深刻认识的基础上，它构建了一套完整的资产分类及目标投资体系，不受市场情绪所左右的严谨的投资原则，以及预料之中和预料之外的风险评估方法等。 基于这些原则和方法，耶鲁基金得以抵御金融市场常见的贪婪和恐惧，在混乱中坚守行之有效的投资政策，在机会出现时迅速、大胆地采取行动。 由于这些，耶鲁基金在近30年的时间中取得了一流的投资业绩。

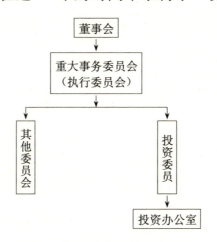

耶鲁大学捐赠基金管理示意图

附录 2　1974 年美国雇员退休收入保障法(ERISA)

1974 年，美国国会通过并由福特(Gerald R. Ford)总统签署了著名的《雇员退休收入保障法案》（ERISA, Employee Retirement Income Security Act）。ERISA 确立了大多数私人企业退休医疗计划最低标准，是一项保护雇员的联邦法案。

ERISA 的一个中心主题就是退休金，它的实施对美国养老退休制度起了深远的影响。其重点有：(1)保护养老金计划参加者和受益人的权益，要求养老金计划的发起人向参加者和受益人提供所有与计划相关的正确信息；(2)要求所有管理计划的机构/人(包括所有中介受托机构/人)必须符合实施计划的标准和法律条款；(3)负责向社会披露和向有关部门报告 ERISA 法案中颁布的各项条款细则和执行情况；(4)对参加合格退休计划的人给予种种税收优惠；(5)设立民事法执行程序来保护参加者及其受益人权益，并使其获得应有的福利。

ERISA 法案在 1984 年还做了重大修正：降低了计划参加者的最大年龄设限；对参加者由于离职太久可能失去信用(积分)的时间段进行了延长；通过了《合格家庭关系法令》，使配偶离婚后仍享有养老金的权利；终止了养老计划中雇主对雇员在接近退休年龄时参加计划权利的限制和对 65 岁年龄以上参加者福利的冻结。 同时，在 ERISA 法案精神的指导下，1985 年的《统一预算协调法案》（COBRA）规定，聘用超过 20 名员工的雇主一定要提供员工及其家庭在员工离职后，仍有权利在短期内维持原来医疗保险计划的福利。 其他 ERISA 的补充有健康保险携带和责任法案（HIPAA），HIPAA 限制了新雇主对新申请者健康保险权利的拒绝。 另外，ERISA 的补充还包括《婴儿和母亲健康保障法》、《心理健康平等法》和《妇女健康癌症保障法》。 一般来说，ERISA 排除了政府、教会为自己员工设立维持的集体健康计划。 1994 年，美国劳工部发布了针对《雇员退休金收入保障法案 1974》的 94-2 号解释公告。 该公告要求机构投资者评估被投资公司的财务和非财务业绩指标，以及与之相关联的高管人员报酬。

ERISA 实施后，三家政府机构负责监管私人养老保险：隶属于财政部的国内税务局、劳工部和退休金待遇担保公司（PBGC）。 PBGC 是随着 ERISA 的签署而产生的。 它主要是为保障参加固定收益计划的雇员的利益而设立。 在固定收益计划中，当雇主破产或没有足够的资金支付退休金待遇时，PBGC 将承担支付私人退休金待遇的责任。 PBGC 的资金主要来自两个方面：私人退休金计划经办机构缴纳的保费；接管的私人退休金计划的存量资产。 其行政管理费用由国家财政负担。

美国资本市场之所以有今天，美国员工之所以养老资产充足，1974 年颁布的 ERISA 确立的信托制度起到了关键性的作用。

参考文献

Allen，Franklin and Douglas M. Gale(1994)，"A Welfare Comparison of the German and U. S. Financial Systems"，Rodney L White Center for Financial Research Working Paper 13—94.

Barber，Brad M. (2006)，"Monitoring the Monitor：Evaluating CalPERS' Activism"，*Journal of Investing*，Vol. 16，No. 4，66—88 (This paper received the 2006 Moskowitz prize for best paper on socially responsible investing).

BBC (Feb. 14th 2001)："Rich Americans back inheritance tax".

Beard，Craig G. and Richard W. Sias(1997)，"Is There a Neglected-Firm Effect?"，*Financial Analysts Journal* 63，19—23.

Becht，Marco and J. Bradford DeLong(2005)，"Why has there been so little block holding in America？"，Randall Morck ed.：*A History of Corporate Governance Around The World：Family Business Groups*，pp. 613—666.

Black, Bernard S. , and John C. Coffee, Jr. (1994), "Hail Britannia?: Institutional Investor Behavior Under Limited Regulation", *Michigan Law Review*, 92(7): 1997—2087.

Black, Bernard S. (1998), "Shareholder Activism and Corporate Governance in the United States", *The New Palgrave Dictionary of Economics and the Law*, Vol. 3, pp. 459—465.

Bourdieu, Pierre (1990), *The Logic of Practice*, Stanford University Press.

Chronicle of Philanthropy (2004), issue dated 3-24-2004, available at: www. philanthropy. com.

Colin, Mayer (1996), "Corporate Governance, competition, and performance", OECD: Economic Department working paper, No. 164.

Cremers, Martijn and Vinay B. Nair (2005): "Governance Mechanisms and Equity Prices", *The Journal of Finance*, Vol. LX, No. 6, December 2005.

Drucker, Peter (1976), *Unseen Revolution: How Pension Fund Socialism Came to America*, New York: Harper & Row. 中译本(2009): 刘伟译, 《养老金革命》, 东方出版中心。

Faccio, Mara and Lang, Larry H. P. (2002): "The ultimate ownership of Western European corporations", *Journal of*

Financial Economics, Vol. 65(3), pp. 365—395.

Franks, Julian, Colin Mayer and Stefano Rossi (2005), "Spending Less Time with Family: the Decline of Family Ownership in the United Kingdom", in Randall K. Morck, pp. 581—612.

Gompers, Paul A., Joy L. Ishii and Andrew Metrick (2003), "Corporate Governance and Equity Prices", *Quarterly Journal of Economics*, February 2003.

Herman, Edward S. (1981), *Corporate Control*, *Corporate Power*, *A Twentieth Century Fund Study*, Oxford University Press.

Investment Company Institute (2006): *Research Fundamentals*, Vol. 15, No. 5. Available at: www. ici. org.

Investment Company Institute: *2006 Investment Company Fact Book*. Available at: www. ici. org.

James P. Hawley and Andrew T. Williams (1996), "Corporate Governance in the United States: The Rise of Fiduciary Capitalism, a Review of the Literature", prepared for Organization for Economic Cooperation and Development, Graduate Business Programs Saint Mary's College of California, Moraga, California 94575 USA.

James P. Hawley and Andrew T. Williams (2000), *The Rise of Fiduciary Capitalism*: *How Institutional Investors Can Make Corporate America More Democratic*, University of Pennsylvania Press.

James P. Hawley and Andrew T. Williams(2007), "Universal Owners: challenges and opportunities", *Corporate Governance*: *An International Review*, pp. 415—420.

Macey, Jonathan R. & Geoffrey P. Miller(1996):《公司治理和商业银行：德国、日本和美国的比较研究》, 载李维安、张俊喜主编(2003):《公司治理前沿第一辑:经典篇》, 中国财政经济出版社, 第183—210页。

Manne, H. G. (1965), "Mergers and the Market for Corporate Control", *Journal of Political Economy* 73 (1965): 110—120.

Morck, Randall K. ed. (2004), *A History of Corporate Governance Around the World*: *Family Business Groups to Professional Managers*, University of Chicago Press. 中译本：莫克主编(2011), 许俊哲译,《公司治理的历史：从家族企业集团到职业经理人》, 格致出版社、上海人民出版社。

National Association of College and University Business Officers(2007), *Endowment Study*. Available at: www. nacubo. org.

Ovtcharova, Galina(2003), "Institutional Ownership and Long-Term Stock Returns", *SSRN Electronic Journal* (available at ssrn. com).

Rivlin, Gary(1999). *The Plot to Get Bill Gates: An Irreverent Investigation of the World's Richest Man ... and the People Who Hate Him*. New York: Three Rives Press. Crown Publishing Group.

Shleifer, Andrei & Robert Vishny(1996):《公司治理综述》,载李维安、张俊喜主编(2003),《公司治理前沿第一辑:经典篇》,中国财政经济出版社,第 1—35 页。

Smith, Michael P. (1996), "Shareholder Activism by Institutional Investors: Evidence from CalPERS", *The Journal of Finance*, Vol. LI, No. 1, March 1996.

The Conference Board: *The 2005 Institutional Investment Report*. Available at: www. conference-board. org.

The Foundation Center(2007): *Foundation Growth and Giving Estimates*. Available at the center's official website: http://foundation-center. org.

Zanglein, Jayne Elizabeth and Evan Michael Schliserman (2004), "Pension Fund Capitalism: The Pension Revolution Wall Street Noticed", *New York University Review of Employee*

Benefits & Executive Compensation .

伯利、米恩斯(2005[1932]):《现代公司与私有财产》,甘华鸣、罗锐韧、蔡如海译,商务印书馆。

布莱尔(1999):《所有权与控制:面向 21 世纪的公司治理探索》。张荣刚译,中国社会科学出版社。

布莱克福德(2001[1998]):《西方现代企业兴起》,锁箭译,经济管理出版社。

陈郁编(2006):《企业制度与市场组织:交易费用经济学文选》,上海三联书店、上海人民出版社。

崔之元(1999):《"看不见的手"范式的悖论》,经济科学出版社。

戴维斯、斯泰尔(2005[2001]):《机构投资者》,唐巧琪、周为群译,中国人民大学出版社。

德鲁克(2005[1998]):《现代管理宗师德鲁克文选(英文版)》,机械工业出版社。

德姆塞茨(1999[1988]):《所有权、控制与企业:论经济活动的组织》,段毅才等译,经济科学出版社。

康马杰(1988[1950]):《美国精神》,南木等译,光明日报出版社。

科利尔、赫罗维兹(2004):《福特家族传》,中国时代经济出版社。

郎咸平(2004)：《公司治理》，易宪容等校译，社会科学文献出版社。

李维安、张俊喜主编(2003)：《公司治理前沿第一辑：经典篇》，中国财政经济出版社。

梁能等主编(2000)：《公司治理结构：中国的实践与美国的经验》，中国人民大学出版社。

刘昶(2007)：《从福特公司的个案看现代企业产权制度的演变》，载史正富、刘昶编：《民营化还是社会化：国企产权改革的战略选择》，上海三联书店、上海人民出版社，第37—49页。

鲁克斯顿(2000)：《1997年经理报酬研究：美国标准普尔1500家超大型企业的实践》，载梁能等主编(2000)：《公司治理结构：中国的实践与美国的经验》，中国人民大学出版社。

马克思(1975)：《资本论》第3卷，载《马克思恩格斯全集》第26卷，人民出版社。

麦格劳(2000[1997])：《现代资本主义：三次工业革命中的成功者》，赵文书、肖锁章译，江苏人民出版社。

孟克斯、米诺(2006[1996])：《监督监督人：21世纪的公司治理》，杨介棒译，中国人民大学出版社。

钱德勒(2006[1990])：《规模与范围：工业资本主义的动力》，张逸人等译，华夏出版社。

钱德勒(1987[1977])：《看得见的手——美国工业中的管理革命》，重武译，商务印书馆。

盛立军、李渊浩、赵宁(2007)：《机构投资与资产管理》，中华工商联合出版社。

史正富、刘昶主编(2007)：《民营化还是社会化：国企产权改革的战略选择》，上海人民出版社。

史正富(1993)：《现代企业的结构与管理》，上海人民出版社。

史正富(2002)：《现代企业中的劳动与价值》，上海人民出版社。

微软公司1986年上市公告书。

吴士宏(1999)：《逆风飞扬》，光明日报出版社。

熊彼特(1979[1942])：《资本主义、社会主义和民主主义》，绛枫译，商务印书馆。

亚当·斯密(1974[1776])：《国民财富的性质和原因的研究》，商务印书馆。

尤辛(1999[1996])：《投资商资本主义，一个颠覆经理职位的时代》，樊志刚等译，海南出版社。

詹森、麦克林(2006[1976])：《企业理论：管理行为，代理成本与所有权结构》，载陈郁编(2006)，《企业制度与市场组织:交易费用经济学文选》，上海三联书店、上海人民出版社。

钟运荣等(2000)：《思科王朝》，广州出版社。

资中筠（2011）：《财富的归宿：美国现代公益基金会评述》，生活·读书·新知三联书店。

互联网址：

Alaska Permanent Fund Corporation（阿拉斯加永久基金）：www.apfc.org

California Public Employees' Retirement System（CalPERS，加州公共雇员退休体系）：www.calpers.org

The Conference Board（世界大企业联合会）：http://www.conference-board.org/

Council of Institutional Investors（CII，机构投资者理事会）：http://www.cii.org/

Federal Reserve Board（联邦储备委员会）：www.federalreserve.gov

Forturne 500（财富 500 强）：http://money.cnn.com/magazines/fortune/fortune500/

The Foundation Center（基金会中心）：http://foundationcenter.org

New York Stock Exchange：www.nyse.com

Teachers Insurance and Annuity Association（TIAA）and College Retirement Equities Fund（CREF）（全美教师退休保险基金）：www.tiaa-cref.org

后 记

  本书是复旦大学新政治经济学中心的研究课题"现代企业产权制度演变与国企改革"的一个成果。我们感谢范剑勇、张晏、王小卫、李俊慧、许建明、郦菁、朱春生、石敏、王文敏、郑伦、蔡陈菲等先后参与本课题研究或在本书写作过程中所做的许多工作。在研究与写作中，我们得益于陈平、崔之元、张军等人的许多非常有价值的批评和建议，也在此向他们表示感谢。本书部分章节的内容曾在《香港传真》(No.2011-69)、《红旗文稿》(2012年第7期)和《开放时代》(2012年第9期)上发表，我们感谢王小强博士、高巍先生和黄宗智教授对我们学术探索的鼓励和包容。另外我们还要感谢世纪出版集团陈昕总裁和格致出版社何元龙社长的支持和督促，以及他们为本书出版所做的工作。

史正富 刘 昶

2012年9月